ÉGLISES ET CHATEAUX

DU MIDI DE LA FRANCE.

NOTICE

SUR LES DEUX BARONNIES DU KERCORBEZ,

PUIVERT ET CHALABRE,

ET SUR LES DEUX CHATEAUX DE CE NOM.

1re ET 2e LIVRAISONS.

TOULOUSE,

IMPRIMERIE H. DE LABOUÏSSE-ROCHEFORT,

Rue des Balances, 43.

1859.

ÉGLISES ET CHATEAUX

DU MIDI DE LA FRANCE.

NOTICE

SUR LES DEUX BARONNIES DU KERCORBEZ,

PUIVERT ET CHALABRE,

ET SUR LES DEUX CHATEAUX DE CE NOM.

1re ET 2e LIVRAISONS.

TOULOUSE,

IMPRIMERIE H. DE LABOUÏSSE-ROCHEFORT,

Rue des Balances, 43.

1858.

PROGRAMME.

Une publication mensuelle paraissant à Toulouse, la *Mosaïque du Midi*, a dans le temps voulu protester, par son existence même, contre l'absorption inévitable qu'exerce Paris sur la province; elle crut ne pouvoir mieux réussir qu'en s'adressant à l'instinct patriotique des masses. Pour exciter cette fibre secrète, elle consacra exclusivement ses colonnes aux monuments, aux légendes, aux biographies, aux scènes de mœurs qui peuvent le mieux donner un caractère particulier à l'histoire du midi de la France. Cet ouvrage, dont l'entreprise seule était rendue méritoire par la position faite à la presse départementale, fut bien accueilli du public. Il répondait, en effet, à un sentiment profondément vivace chez les peuples, l'amour du sol natal; en entretenant les hommes du Midi de leurs vieilles gloires, en les faisant vivre avec les populations qui les ont précédés, il leur reconstituait une ombre de cette nationalité perdue dont le souvenir a survécu à la fusion des races et des intérêts sociaux... Et cependant, que l'on ne voie ici aucune intention de blâme, à peine la *Mosaïque du Midi* retraçait-elle à grands traits les évènements principaux des annales du pays; tout en réveillant les grands souvenirs attachés au sol méridional, à peine en indiquait-elle les plus remarquables monuments...

Le succès qu'elle obtint dans ces conditions semblait de bon augure pour celui d'un livre qui aurait reproduit les abbayes, les basiliques, les innombrables châteaux disséminés à la surface de ces contrées par la période carlovingienne, l'ère ogivale ou la renaissance, et qui, rejetant toute fiction, au sein de ces monuments aurait fait revivre avec leurs croyances et leurs mœurs les générations éteintes.

Cette manière de voir donne aujourd'hui naissance à la publication intitulée : *Eglises et Châteaux du midi de la France*. Un pareil titre exclut de ses pages toute œuvre relative à l'antiquité proprement dite, et n'y saurait admettre que des études consacrées aux édifices du moyen-âge ou à leurs accessoires les plus intéressants, mais il comporte à la fois l'architectonique et l'histoire.

Le fait et le monument s'expliquent l'un par l'autre; il existe entre eux une corrélation intime qui les rend incomplets lorsqu'on les isole : la conviction religieuse du peuple et la prédominance du clergé aux temps féodaux, ne sont-elles pas exprimées plus clairement sur les flèches élancées ou sous les voûtes des vieilles cathédrales, que dans les livres et les chartes poudreuses?... Racontée par l'histoire, la révolte d'un baron contre un suzerain puissant paraît invraisemblable; le semble-t-elle encore devant sa tour démantelée et des murs en ruines, assis au sommet d'un roc inaccessible?...

Le nouvel ouvrage ne sera donc pas seulement une collection de dessins représentant des cloîtres ou des donjons, et accompagnés d'un texte descriptif; il sera aussi un ensemble de travaux historiques, et deviendra une histoire détaillée du pays, parce que celle du clergé, des familles seigneuriales, de la bourgeoisie, des hommes de la glèbe ou du métier, est nécessairement écrite sur les murs des églises, les pierres des manoirs, des hôtels-de-ville ou des tours communales.

Mais pour donner à un pareil livre le caractère saisissant de la vérité, pour ne pas en faire une de ces pâles copies de la vie du moyen-âge intercalées dans les ouvrages d'imagination, que d'archives à fouiller, que de veilles à passer sur les parchemins jaunis, et que de difficultés de toute sorte à surmonter!... Celui qui tente d'en mettre l'idée à exécution ne pouvait prétendre à le faire seul et réduit à ses propres forces. C'est avec l'aide d'hommes éminents et d'un savoir reconnu qu'il espère en venir à bout. A ceux dont le concours bienveillant lui est acquis déjà, d'autres se joindront plus tard : il en a la confiance, fort de son désir d'être utile aux arts et à l'histoire, et de contribuer, autant qu'il est en lui, à l'existence intellectuelle du Midi... Les érudits, les penseurs, entendront un appel fait au nom de leur vieille nationalité, de leurs gloires, de leurs monuments, de tout ce passé si vivant, si riche d'enseignements pour eux, entouré de si poétiques prestiges pour tous.

Que si l'on venait lui demander quelle opportunité il trouve à cette œuvre, il répondrait : le temps et les tourmentes politiques ont entassé les ruines sur le sol méridional; plus que jamais, il est vrai, d'intelligentes restaurations sont consacrées aux plus beaux de ces débris, mais elles ne sauraient être entreprises pour tous; chaque jour, les éléments ou les hommes s'acharnent à la destruction; des basiliques disparaissent pierre à pierre; les derniers vestiges des cloîtres s'effacent; les vieux forts, les antiques châteaux qui hérissaient les montagnes et les vallées ne sont plus que des monceaux de décombres; de tous ces édifices éloquents par les souvenirs ou remarquables au point de vue plastique, il ne restera bientôt plus vestige... N'est-ce pas le moment de les étudier, de leur arracher leur sens caché, de les représenter avec exactitude, afin d'en conserver au moins l'image précise; et pour ceux qui tombent comme pour ceux qu'ont respectés les siècles et les spéculateurs, n'est-ce pas le moment de les parer de leurs souvenirs, de les peupler des figures grandes ou gracieuses qui les ont animés, aujourd'hui qu'une activité nouvelle emporte les hommes dans de continuelles pérégrinations, que de tous les points, son industrie naissante, ses eaux thermales, ses curiosités naturelles ou monumentales, attirent vers le Midi des légions de voyageurs?... N'est-ce pas le temps enfin, au lendemain de ces terribles convulsions sociales qui ont ébranlé si profondément les croyances et les institutions, de détruire ce voile d'ignorance superstitieuse, d'esclavage et d'oppression, à travers lequel beaucoup voient encore les âges écoulés, et de prouver une fois de plus à ceux-là, tout esprit de système écarté, que les arts et la société modernes ne procèdent pas seulement des anciens, et que le Midi a connu, lui aussi, une civilisation intermédiaire, dont les générations actuelles, appelées à recueillir son héritage, doivent reconnaître les errements sans nier sa marche constante dans les voies de l'humanité.

β. Dusan.

NOTICE

SUR LES DEUX BARONNIES DU KERCORBEZ,

PUIVERT ET CHALABRE

(Département de l'Aude).

HISTORIQUE.

Ans |la partie sud-ouest du département de l'Aude, dominée au midi par les premiers contreforts des Pyrénées, resserrée entre la rivière de l'Hers à l'occident, et une chaîne de rochers qui, à l'orient, forme la ligne de partage des affluents de l'Aude et de ceux de l'Ariége, s'étend une petite, mais gracieuse contrée, dont l'industrielle Chalabre est aujourd'hui le chef-lieu.

Peu remarquable par son importance actuelle, ce pays offre à l'historien et à l'archéologue des sujets d'étude aussi intéressants que variés; dès-lors, nous essaierons de tracer le tableau des vicissitudes auxquelles il fut soumis, pour faire mieux connaître ensuite les principaux monuments laissés par les populations qui l'occupèrent.

Ce coin de terre, longtemps oublié par l'histoire, est primitivement compris, sans désignation particulière, dans les divisions territoriales établies par les conquérants. Il suit d'abord les destinées de la race ibère ou vasque, tout comme les régions enclavées plus tard dans le comté de Foix. Les Consorani en furent les premiers habitants connus; se mêlant bientôt aux Volces-Tectosages, ils résistèrent longuement aux Romains, qui les vainquirent et les groupèrent dans la Novempopulanie.

1

Comprises dans la première Lyonnaise, ensuite dans la première Narbonnaise (415), ces contrées firent partie du royaume des Visigoths, puis de celui des Francs (507) jusqu'à la constitution du duché d'Aquitaine.

La conquête sarrazine fut le résultat des tentatives faites par leurs habitants pour échapper à la domination franque (de 519 à 559); Charles Martel et son petit-fils, Charlemagne, rejetèrent au-delà des Pyrénées ces conquérants venus d'Asie, et rendirent l'empire aux races du Nord. Le grand empereur donna à ses frontières des gardiens vigilants et d'énergiques défenseurs, en les divisant entre ses plus dévoués capitaines; mais bientôt ceux-ci portèrent impatiemment le joug de sa domination, et quand sa main se fut pour toujours fermée sur cette boule du monde qu'elle tient encore dans le caveau d'Aix-la-Chapelle, la féodalité se constitua, l'immense empire fut démembré, et les seigneurs, désormais plus puissants que le souverain, se taillèrent de petits royaumes dans ces vastes états dont nul homme, après Charles, ne put tenir les rênes.

La maison de Toulouse se rendit alors indépendante, et son histoire devint en partie celle du pays de Foix, qu'elle possédait en 779, pour en faire, trente ans après, l'apanage de la branche de Carcassonne.

Celle-ci en était encore maîtresse vers l'an 1000, et c'est à cette date que, dans les chartes, les terres voisines de Chalabre apparaissent pour la première fois distinctes des contrées environnantes et sous une dénomination spéciale, celle de *Caircorb*, plus tard *Kercorb*, *Querecorb*, *Queirecourbe*, *Chercord* ou *Chercorps*.

Ce nom existait-il avant cette époque ou fut-il créé seulement alors? Il semble dater d'une période bien plus reculée. Et d'abord, il importe de faire la remarque qu'on le trouve en 1002 accolé à celui de *Keille* (*Queille, Coile, Cueille*) (1). Ce dernier est celui d'un pays limitrophe du *Kercorbez* dont il suit la destinée. Placés l'un sur la rive gauche, l'autre sur la rive droite de l'Hers, leur histoire se confond toujours. Or, dès l'an 957, le nom de *Keille* est en usage, comme le prouve l'acte de vente d'un alleu situé dans la viguerie de *Keille* (Toulousain), faite par Arsinde, veuve d'Arnaud, et par son fils, Roger Ier, comte de Carcassonne (2).

On le revoit dans le testament d'Hugues, évêque de Toulouse, en

(1) Ancienne édition de l'*Histoire du Languedoc*, 2e vol., p. 136. — *Preuves*, p. 160.
(2) *Ibid.*, 2e vol., p. 89. — *Preuves*, p. 100.

960 (1). Ces deux actes citent exclusivement des bourgs assis aujourd'hui sur la rive gauche de l'Hers.... N'est-il pas à présumer que sur la rive droite s'étendait le pays de *Kercorb* ?.... Mais nous trouverions ce dernier nom bien antérieurement peut-être, s'il en fallait croire un écrivain estimé (2).

Il existe, d'après lui, une frappante analogie entre le mot Kercorb et celui de Bercor-ate ou Bercorc-ate, donné par Pline comme désignant une tribu celtique établie sur le revers septentrional des Pyrénées. L'étymologie celtique ou ibérienne de Kercorb le prouve, ce nom doit s'appliquer à une contrée hérissée de rochers, condition dans laquelle précisément se rencontrent les environs de Chalabre. Il y a tant de similitude entre Bercor-ate ou Bercorc-ate et Kercorb-ate, qu'on peut raisonnablement attribuer la légère différence qui distingue ces appellations à quelque erreur de copiste, et plutôt encore à la transformation latine d'un mot barbare. La tribu des Bercorates, signalée par l'auteur romain, n'a pu être retrouvée sur les flancs des Pyrénées. Plusieurs écrivains lui ont assigné presque au hasard des emplacements différents : Vallois, dans les Landes ; Walkenaër, dans la Gironde ; d'autres, ailleurs. Elle ne peut, semblerait-il, avoir existé nulle autre part que dans le pays des Kercorb-ates ou de Kercorb, au milieu de ces contrées où l'on découvre partout des noms et des monuments celtiques.

Telle est l'opinion émise par Garrigou et dont nous lui laissons toute la responsabilité. Cependant, malgré la méfiance avec laquelle on doit accueillir les preuves étymologiques, nous sommes comme lui frappés de cette concordance de mots, et portés à voir dans le pays de Kercorb la patrie des Bercor-ates.

Quoi qu'il en soit, à partir de l'an 1002 seulement, nous pouvons indiquer où s'étendait le Kercorbez, et quels en furent les possesseurs.

Ce nom est employé pour la première fois dans le testament de Roger Ier, comte de Carcassonne (3). A cette époque, Roger avait hérité de son père Arnaud, conjointement avec Eudes, son frère. L'apanage de ce dernier avait été formé de la partie méridionale du Toulousain dans laquelle se trouvait le *Kercorbez*; mais par un arrangement particulier, les deux

(1) Ancienne édition de l'*Histoire générale du Languedoc*, 2e vol., p. 89. — *Preuves*, p. 105.
(2) M. Garrigou, auteur d'une *Histoire du comté de Foix*.
(3) *Histoire générale du Languedoc*, 2e vol., p. 136. — *Preuves*, p. 160.

frères s'étaient mutuellement cédé leurs droits en cas de prédécès. Eudes et son fils Arnaud, qui, lui aussi, avait consenti cet accord, durent mourir sans postérité ; en effet, dans son testament de 1002, Roger divisant ses possessions entre ses trois fils, Raymond, Bernard et Pierre, donna au premier, avec certains domaines, le droit acquis par lui sur le *Kercorbez* en vertu de son arrangement avec Eudes. Bernard eut en partage le pays de Foix, etc., et Pierre les abbayes du Rasez, des droits sur les évêchés de Toulouse, de Carcassonne, etc., sans doute parce qu'on le destinait à l'église, puisqu'il devint évêque de Gironne.

Les dispositions de ce testament ne furent pas maintenues : le *Kercorbez*, destiné à Raymond, devint la propriété de l'évêque. Bernard, fondateur de la maison de Foix, ayant laissé trois fils, le second d'entre eux, Roger, le premier comte de la nouvelle branche, conclut avec Pierre, son oncle, un accord en vertu duquel ils devaient réciproquement se succéder en cas de mort. Ils partagèrent leurs domaines en deux lots (1034) ; le *Kercorbez* échut à l'évêque de Gironne qui, ne pouvant le défendre par l'épée, en confia la garde à Roger, comme le prouve l'hommage rendu par celui-ci à son oncle pour « le château et le pays de *Kercorb*, et les tours ou forteresses situées dans ce pays (1). » Pierre étant mort avant son neveu, le *Kercorbez* devint la propriété de la maison de Foix.

En 1067, Roger III, comte de Carcassonne, mourut sans enfants, après avoir disposé de tous ses biens en faveur de sa sœur Ermengarde. Celle-ci, craignant de ne pouvoir résister aux rivaux qui se disputaient ses possessions, se donna un protecteur en épousant Raymond-Bernard (Trencavel), vicomte d'Albi et de Nimes, et vendit moyennant 1100 onces d'or à son parent le comte de Barcelonne, la suzeraineté du Rasez dont cherchait à s'emparer la branche cadette des comtes de Foix, en vue de faire prévaloir les droits des mâles à l'héritage de son frère.

Fatigué de la lutte, Roger II, comte de Foix, fit un accord avec Ermengarde et Bernard Aton, son fils ; excommunié d'ailleurs pour crime de simonie par le pape Pascal II, il voulait aller en Palestine mériter d'être relevé de cette terrible censure. Afin de pourvoir aux dépenses de son voyage, il engagea une partie de ses biens à Ermengarde, et lui céda tous ses droits

(1) *Histoire générale du Languedoc*, 2e vol., p. 166. — *Preuves*, p. 191.

sur le Rasez, le *Kercorbez*, etc., en 1095 (1). Par cette cession, le dernier de ces pays rentra dans les domaines des anciens comtes de Carcassonne, désormais possédés par la maison des Trencavel. Bernard, politique habile, renonça au titre de ses devanciers, pour ne prendre que celui de vicomte de Beziers, Albi, Carcassonne, Rasez, etc., et transporta son hommage du comte de Barcelonne à celui de Toulouse, afin de s'assurer un appui contre la maison de Foix (1112). En 1110, il dominait sur le *Kercorbez*, puisqu'il avait alors restitué à l'église de Sainte-Colombe, placée dans cette contrée, les biens usurpés de son fait sur elle (2).

Le second des comtes de Foix étant mort en 1125, Roger III, qui possédait le comté en indivis avec ses frères, fit avec leur consentement, et de l'avis de plusieurs nobles, un désistement de toutes les demandes par lui signifiées à Bernard-Aton, et lui céda d'une manière définitive le château et le pays de *Kercorb* (3), ensuite placé pour longtemps entre les mains du successeur de ce vicomte, Raymond Trencavel. Ce dernier, d'accord avec Guillaume VI, seigneur de Montpellier, voulut se soustraire à la suzeraineté de Raymond V, comte de Toulouse, et transporta son hommage au comte de Barcelonne. Mais aussitôt une guerre éclata entre l'ancien suzerain et ses feudataires révoltés (1152). Trencavel, afin de mieux résister à son nouvel ennemi, et de se faire des partisans intéressés à le soutenir, démembra une partie de ses domaines, entre autres le *Kercorbez*, pour en former plusieurs fiefs destinés aux plus puissants comme aux plus braves (4).

Fait prisonnier par Raymond V, il n'obtint sa liberté qu'en reconnaissant de nouveau la suzeraineté de ce comte (1153). Dans la prévision de nouveaux revers, il donna par un testament de 1154 le *Kercorbez* à sa fille Cécile (5). En 1167, pour subvenir aux frais de guerres incessantes, il l'engagea, conjointement avec son fils Roger, à Miron de Tonnens (6), moyennant la somme de onze mille sols melgoriens, et mourut assassiné dans la cathédrale de Beziers, au milieu des principaux seigneurs de sa

(1) *Histoire générale du Languedoc*, 2ᵉ vol., p. 287. — *Preuves*, p. 337.
(2) *Ibid.*, 2ᵉ vol., p. 350. — *Preuves*, p. 365.
(3) *Ibid*, 2ᵉ vol., p. 389. — *Preuves*, p. 434.
(4) *Ibid.*, 2ᵉ vol., p. 472. — *Preuves*, p. 541.
(5) *Ibid.*, 2ᵉ vol., p. 472. — *Preuves*, p. 550.
(6) *Ibid.*, 3ᵉ vol., p. 17. — *Preuves*, p. 116.

cour. Roger, alors âgé de dix-huit ans, lui succéda dans les vicomtés de Beziers, Albi, Carcassonne, Rasez, etc. Brûlant de venger la mort de son père, il se ligua avec Alphonse, roi d'Aragon, se reconnut son vassal, et avec l'aide de troupes empruntées à ce monarque, il crut apaiser les mânes paternelles par le massacre des Bitterrois, qui lui avaient ouvert leurs portes sans méfiance. Une lutte nouvelle commença entre lui et Raymond V de Toulouse; mais un mariage y mit fin : il épousa Adélaïde, fille du comte, en lui donnant pour douaire quelques châteaux, entre autres celui de *Balaguer.*

La destinée de ce vicomte était de ne jamais poser les armes, car on le voit toujours en lutte, soit avec le roi d'Aragon, soit avec Raymond, son beau-père et son suzerain, soit avec le comte de Foix. Après une existence des plus agitées, il mourut le 20 mars 1194, transmettant à son fils des possessions qu'il avait conservées par une politique astucieuse et sans dignité. Raymond Roger, son successeur, resta sous la tutelle de Bertrand de Saissac jusqu'à l'âge de quatorze ans, révolus pour lui en 1199. Il fit bientôt après (1204) une donation de ses domaines à Raymond Roger, comte de Foix, pour la somme de quinze mille sols melgoriens, et seulement en cas de mort. Le château de *Balaguer* et le *Kercorbez* entre autres étaient compris dans l'acte de cession (1), qui n'empêcha pas le vicomte de Beziers d'engager immédiatement ce même château et ce même pays à Izarn Bernard de Fanjaux (2). Mais bientôt éclata cette terrrible guerre des Albigeois qui allait déposséder vassaux et suzerains. Trencavel n'ayant pu conjurer l'orage, abandonna sa capitale pour concentrer ses forces à Carcassonne. Après avoir massacré les Bitterrois, les croisés accoururent assiéger cette ville qu'il défendit en désespéré; une trahison le fit tomber entre leurs mains; jeté dans un cachot de la cité, il y mourut en peu de temps, « non sans soupçon, dit dom Vaissette, qu'on avait avancé ses jours. » Ses dépouilles furent offertes à plusieurs chefs de la croisade; ils les refusèrent avec indignation; Simon de Montfort les accepta toutes. Feignant de n'obéir qu'à regret aux ordres du légat, il assuma sur lui la responsabilité d'une odieuse spoliation. Mais les vaincus ne voulant pas reconnaître les droits du maître qu'on leur imposait, il se vit obligé de conquérir

(1) *Histoire générale du Languedoc*, 3ᵉ vol., p. 114. — *Preuves*, p. 190.
(2) *Ibid.*, 3ᵉ vol., p. 114. — *Preuves*, p. 191.

château par château, village par village, ce pays dont on le déclarait seigneur légitime. Dès-lors commença une guerre d'escarmouches, de siéges et d'embuscades qui ne s'éteignait sur un point que pour se rallumer sur un autre. Montfort établit à Carcassonne son quartier, et de ce centre d'opérations fit rayonner ses troupes vers tous les points d'un vaste cercle. Une fois maître de Limoux et du Rasez, impatient de porter ses avant-postes le plus près possible de ce comté de Foix, objet de ses convoitises, où déjà Pamiers et Mirepoix lui appartenaient, il dirigea ses enthousiastes soldats vers le pays de *Kercorb*, dont la résistance ne fut pas longue. Les forces de ses défenseurs s'étaient concentrées sur un seul point du territoire, au château de *Puivert*; et certes, ils étaient braves ceux qui osèrent résister aux armes des croisés après le sac de Beziers, la prise de Minerve, d'Alayrac, de Termes, et les supplices infligés à d'héroïques guerriers, pour les punir d'avoir combattu... Mais à *Puivert* comme ailleurs, le courage des assiégés dut céder au nombre. Voici ce qu'en rapporte le moine de Vaulx-Cernay, le fanatique admirateur de Montfort : « Le château de » Termes ayant été pris par les nôtres, la veille de saint Clément, le comte » y mit garnison; puis il dirigea son armée sur un certain château nommé » Coustaussa, et le trouvant désert, il poussa vers un autre qu'on appelle » *Puivert*, lequel lui ouvrit ses portes au bout de trois jours (1). »

Par suite de la prise de Puivert, le Kercorbez tout entier fut conquis par les croisés sur les partisans de Trencavel (1210). De nouvelles destinées commencèrent alors pour ce pays; avant d'en faire le récit, jetons un regard en arrière, afin de mieux nous rendre compte des perturbations que la conquête lui fit éprouver. A partir de l'an 1002, nous voyons le Kercorbez, d'abord possédé par la maison de Toulouse, passer à celle de Carcassonne, ensuite à celle de Foix. Plus tard, il rentre sous la domination des comtes de Carcassonne pour devenir enfin la propriété des vicomtes de Beziers qui, malgré les prétentions de la branche de Foix, en demeurent les maîtres jusqu'à l'année 1210.

Il existe peu de documents sur cette période de luttes continuelles et de rivalités ardentes, causes premières des succès de Montfort; d'après ceux qui nous sont connus, nous essaierons d'étudier l'état de ce pays au moment de la conquête.

_____

(1) *Histoire de la guerre des Albigeois*, par Pierre de Vaulx-Cernay. Traduction. Collection Guizot.

Dans le serment prêté à Pierre, évêque de Gironne, par son neveu Roger Ier de Foix, en 1034, il est parlé du château de *Kercorb* (1); ce nom se retrouve encore dans l'arrangement conclu entre Roger II, comte de Foix, et la vicomtesse Ermengarde, en 1095 (2). L'église de *Sainte-Colombe* du *Kercorbez* (3) est mentionnée dans une donation qu'en fait Amélius, évêque de Toulouse, à l'abbaye de Cluny (1110), et dans une bulle du pape Calixte II en faveur de l'abbaye d'Alet (1119) (4). En 1125, dans l'accord survenu entre Roger III de Foix et le vicomte Bernard Aton, le château de *Kercorb* figure (5). C'est en 1152 qu'apparaissent *Chalabre* et *Villefort* dans une inféodation faite par Raymond Trencavel (6), à qui nous devons aussi un testament par lequel il donne *Kercorb* à sa fille Cécile (7). Mais l'acte d'engagement du territoire de ce château, que le même vicomte et son fils Roger consentirent en faveur de Miron de Tonnens (1167), nous fournit des renseignements plus précieux; nous y lisons : « Dans cette terre de *Kercorb* sont ces villages (*villæ*), savoir : *Cuculenna*, *Cambels*, *Montjardin*, et *Eissalabra*, et *Sancta-Columba*, et *vallis* d'*Aniort*, *Eisoice*, et *Aviels*, et *Pendels*, atque *Calmeta* et *Saltes*, et *Villafort*, et *Fonsfrigidus* et *Auriag*. » Les Trencavel déclarèrent engager « non-seulement ces villages, mais aussi tous les autres biens qu'ils possédaient dans le pays de *Kercorb*, et de plus le château de *Balaguer*, » plus tard (1171) assigné pour douaire à Adélaïde par Raymond Roger, son époux, et remis entre les mains d'Izarn Bernard de Fanjaux par l'engagement que ce vicomte lui fit du *Kercorbez*.

A ces noms, il faut joindre celui de *Sonac*, aujourd'hui placé sur la rive droite de l'Hers, désigné toutefois comme faisant partie du Queillois en 937 et 960 (8), parce qu'alors sans doute il s'étendait sur la rive gauche de cette rivière, et enfin celui de *Puivert*, mentionné seulement en 1210.

On peut conclure de ces documents incomplets que le château de *Kercorb* fut, pour ainsi dire, la capitale du *Kercorbez*, mais il n'est pas facile d'en indiquer la position. Vidal, astronome ariégeois du dernier siècle, le place sur un pic voisin de *Balaguié*, hameau situé près de *Courbières* ou *Corbières*. M. Garrigou paraît se ranger de cet avis. « A Corbières, dit le baron

---

(1) *Histoire générale du Languedoc*, acte déjà cité. — (2) *Ibid., ibid.* — (3) *Ibid., ibid.* — (4) Même ouvrage. — *Preuves*, p. 409. — (5) *Ibid.*, acte déjà cité. — (6) *Ibid.*, p. 472. — *Preuves*, p. 544. — (7) Acte déjà cité. — (8) *Ibid.*

Trouvé, se voient les vestiges d'un château où Raymond Trencavel établit sa résidence favorite. » N'était-ce pas celui de Kercorb, ainsi que nous le ferait croire la relation visible de ce nom avec le mot Corb-ières, formé, ce semble, du premier par la suppression du radical Ker, et devenu le vocable du village actuel? Quant au pic de Balaguié ou de Balaguer, il a évidemment porté le manoir ainsi appelé... On doit remarquer que cette dénomination se présente au moment où celle de Kercorb disparaît; et que si des actes admettent une distinction entre le territoire de Balaguer (le Balagairez) et le Kercorbez, d'autres renferment ces mots: « le château de Balaguer et tout le reste du pays de Kercorb. » La plus naturelle conséquence à tirer de ces apparentes contradictions signalées dans les chartes, n'est-elle pas la suivante?... Kercorb ayant été détruit peut-être, ou du moins jugé trop faible pour soutenir des attaques sérieuses, un autre fort couronna le rocher de Balaguer, et ne donna son nom qu'à un territoire peu étendu, mais enclavé dans le Kercorbez, appellation conservée au pays, malgré la déchéance de l'ancien chef-lieu... A partir de ces châteaux jusques à la contrée de Sault, vers le sud, étaient disséminés sur les bords de l'Hers et du Blau ou sur les montagnes, les villages dont nous avons déjà constaté l'indication dans certaines chartes du XIIe siècle. Plusieurs ont conservé leur ancien nom, à peine modifié, tels que Chalabre, Sainte-Colombe, Villefort, Montjardin, Fontrouge, la Calmète, Campeille, Sonac; d'autres ont reçu de nouvelles désignations ou n'existent plus. Dans le haut Kercorbez, à l'opposite de Balaguer, Puivert occupait sa position actuelle.

Les documents où sont indiqués ces bourgs et ces châteaux, hormis le dernier, nous font connaître, d'une manière incomplète cependant, les noms des familles seigneuriales qui les possédaient sous la suzeraineté des vicomtes de Beziers, vers 1210; Balaguer était occupé par Izarn Bernard de Fanjaux; aux du Puy appartenaient en partie Sainte-Colombe et les environs; aux d'Aniort, les terres de l'extrême sud; les Termes étaient feudataires pour Auriag; Chalabre, donné en fief à Roger de Saint-Benoit, par Raymond Trencavel (1152), et Villefort, au même temps inféodé sous condition à Bernard de Congost, se trouvaient encore dans les domaines des fils de ces seigneurs; en outre, de nombreuses terres et plusieurs églises du Kercorbez relevaient du chapitre de Toulouse, des abbayes de Cluny, de Saint-Pons de Thommières, d'Alet et de Camon.

Puivert, on l'a vu, n'est mentionné dans aucune charte du xıᵉ ni du xııᵉ siècle; à peine est-il nommé par les chroniqueurs de la croisade. Ce dernier évènement l'ayant rendu le centre stratégique et administratif du pays d'alentour, nous chercherons à soulever le voile qui nous dérobe son histoire, jusqu'au jour où la conquête vient lui donner une double importance.

D'après Fauriel, le nom de ce château apparaîtrait vers 1150; voici le texte de l'auteur : « Le plus ancien concours de poètes ressemblant à une académie, dont il soit fait mention, bien que d'une manière fugitive, dans les traditions provençales, est celui qui est désigné comme ayant eu lieu au château de Puy-verd, dans la partie méridionale du diocèse de Toulouse. C'est à propos d'une pièce de vers de Pierre d'Auvergne qu'il en est parlé; dans un des manuscrits où cette pièce se rencontre, elle est signalée comme ayant été composée au *Puy-verd, dans les assemblées aux flambeaux où l'on récite nouvelles ou fabliaux, en jouant et en riant.* C'est avant 1150 que l'on trouve des traces du séjour de Pierre d'Auvergne dans les cours du Midi. J'ai vu sa signature dans un acte de 1147 (1). »

Quels que soient notre respect pour l'autorité d'un homme profondément érudit, et notre désir de laisser au château du Toulousain les poétiques souvenirs des troubadours, nous croirions volontiers pouvoir placer ailleurs le Puy-verd, mentionné dans le manuscrit sans aucune indication géographique. De nos jours encore, un village ainsi appelé s'élève sur les bords du Rhône, et c'est là que nous mettrions la féodale demeure transportée par l'historien de la poésie provençale, dans les montagnes du Kercorbez.

Lorsque Ermengarde de Narbonne eut été obligée, pour sauvegarder sa réputation, de congédier l'amoureux poète d'Auvergne, il se retira d'abord en Provence, auprès de Raimbaud d'Orange. Alors, sans doute, alla-t-il oublier ses regrets passionnés dans les veillées joyeuses du Puivert situé dans ce pays, et que plusieurs circonstances postérieures font, à nos yeux, l'asile naturel de pareilles réunions, à l'époque où le poète exilé vivait. Pouvaient-ils être originaires du Toulousain, ce troubadour connu sous le nom de Bérenger de *Puivert* (2), dont les œuvres se réduisent pour nous à deux couplets écrits dans un langage plus rapproché du provençal que

(1) Fauriel, *Histoire de la poésie provençale*, 3ᵉ vol., p. 240.
(2) Raynouard, *Choix de pièces originales des troubadours*, t. V, p. 63.

du languedocien?... et ce Bérenger de *Puivert*, le même peut-être, signataire avec Raymond de Moncade et Guillaume Dangelrola, comme témoin d'Alphonse, fils du roi d'Aragon, d'un traité de paix conclu entre celui-ci et le comte de Foix, en 1284 (1)...; et surtout cette Rixende de *Puivert*, dame de Trans, « qui florissait en Provence, et siégeait dans une cour d'amour tenue l'année 1341 à Avignon (2). »

Ces rapprochements l'établissent assez; le Puivert des rives du Rhône, appartenant à une famille puissante de ce nom, qui vit ses membres prendre part aux jeux de la poésie et des cours d'amour, put seul être le théâtre des fêtes galantes où figura Pierre d'Auvergne, et nous sommes forcés d'enlever au Puivert des montagnes de l'Aude, le prestige que donnerait à ses murs la mémoire du chantre d'Ermengarde.

Malheureusement, il ne lui reste dès-lors aucun titre historique, aucun souvenir antérieur au XIIIe siècle; nul témoignage positif ne nous révèle son existence avant sa prise par les croisés, et pour arriver à connaître la date de sa fondation ou le nom de ses premiers possesseurs, nous devons nous borner à de timides conjectures. Nous exprimerons celle-ci, sous toute réserve d'erreur.

En 1152, on a vu Raymond Trencavel démembrer le Kercorbez en plusieurs fiefs, et Bernard de Congost entre autres devenir l'un des nouveaux feudataires. L'objet de l'inféodation était pour lui « un emplacement situé dans le château de Villefort, avec l'autorisation d'y bâtir, mais à la condition expresse qu'il administrerait le pays. »

Quel genre d'édifice devait porter le terrain concédé sous une obligation pareille? Congost, l'un des principaux seigneurs de ces régions, devenant responsable de la défense d'une frontière exposée à d'imminentes attaques, pouvait-il songer à ériger autre chose qu'une forteresse?... Mais Villefort était déjà protégé par un château, il n'y avait donc pas nécessité d'en élever un sur ce point; à quelque distance, au contraire, commandant les vallées supérieures du Kercorbez, et par cela même le passage le plus direct pour aller du comté de Foix dans le Rasez, se dressait au sein des forêts et sur le bord d'un lac un rocher facile à rendre presque inexpugnable : c'était celui de Puivert... N'aurait-il pas été choisi par le nouveau gouverneur du pays pour

(1) *Histoire générale du Languedoc*, 4e vol. — *Preuves*, p. **78.**
(2) Nostradamus, p. 217, cité par Raynouard, ouvrage ci-dessus, t. II, p. 95.

servir de base à des fortifications considérables, si déjà même sa position avantageuse ne l'avait fait couronner de quelque ouvrage de défense peu important?... Le mot *castellum* ne doit pas être pris dans la signification actuelle de château; on n'ignore pas qu'il désignait parfois le manoir, mais souvent aussi le territoire qui en dépendait, renferma-t-il même des villages. Puivert, situé à 3 kilomètres de Villefort, pouvait bien être compris dans le *château*, c'est-à-dire dans la *châtellenie* ainsi nommée.

L'acte de 1167, où sont énumérés les villages du Kercorbez, ne cite nullement Puivert. Ce silence vient à l'appui de notre supposition; cette pièce ne mentionne que des bourgs, et non des habitations seigneuriales ou des forts isolés : le château de Puivert était donc récemment construit, puisque les serfs n'avaient pas eu le temps encore de grouper leurs habitations au pied de ses tours, et d'y former un centre de population... Mais il prit une rapide importance et fut bientôt regardé comme la clef de tout le pays ; cinquante-huit ans après la date supposée de sa construction, les vaincus y cherchèrent, nous l'avons dit, un dernier, mais inutile refuge. Rien ne nous apprend quel seigneur le possédait alors... Ce devait être un descendant de Bernard de Congost, si l'on regarde celui-ci comme le fondateur de cette forteresse...

Un seul document authentique pourrait détruire de semblables conjectures, nous ne saurions le nier; aussi n'en voulons-nous pas défendre la valeur, et nous hâterons-nous de revenir au sujet de notre récit.

Ce furent donc ces châteaux et ces quatorze bourgs énumérés plus haut qui tombèrent au pouvoir des croisés, et c'étaient principalement les familles dont nous avons parlé qui allaient se voir spoliées dans le Kercorbez. La dépossession devint, en effet, une des nécessités de la conquête... Montfort, déclaré maître des terres de Trencavel, et s'en étant emparé, ne pouvait se maintenir seul au milieu d'une population hostile, prête à seconder les entreprises de ses ennemis. L'expérience lui avait appris à ne pas regarder comme sincère la soumission des seigneurs languedociens ; il savait que le moindre échec éprouvé par ses armes entraînait leur défection, et sa pensée fut bientôt de s'entourer d'hommes dévoués à sa cause. Il choisit naturellement ceux qu'un même goût pour les combats, qu'une même ambition peut-être avait conduits avec lui en Languedoc, auxquels enfin des liens de parenté l'unissaient; de ce nombre furent Guy de Lévis, Pons de

Bruyères et Pierre de Voisins. Il en avait déjà fait ses lieutenants, et s'était félicité de leur avoir confié d'importantes expéditions; il leur concéda plus tard, à titre de fiefs, une partie du territoire conquis, et sut, en leur créant des intérêts au sein de ses nouveaux domaines, les récompenser autant que se ménager pour l'avenir d'utiles auxiliaires dans ses compagnons d'armes devenus ses vassaux. Ainsi inféoda-t-il à Pons de Bruyères le Kercorbez, subjugué d'ailleurs par ce chevalier.

« Simon, élu chef de la croisade (1209), dit La Chesnaye des Bois, donna ordre à Pons de Bruyères d'aller en qualité de son lieutenant, avec un corps de six mille hommes, dans le pays de Chercorb, où il prit plusieurs châteaux, entre autres celui de Puivert, qui se rendit après trois jours de siége... Montfort lui donna tout le pays qu'il avait conquis, divisé en deux baronnies : Chalabre et Puivert avec leurs dépendances. » Des notes conservées à Chalabre renferment ce passage: « ... Thomas (Pons) de Bruyères fut des premiers à se mettre en campagne... Pendant que Simon réduisait et livrait au pillage plusieurs villes obstinées, Thomas, avec un camp volant, faisait de nombreuses conquêtes dans le pays presque inaccessible de Puivert et ses environs. Après une victoire glorieuse et complète, Simon, usant des pouvoirs qu'on lui avait confiés, donna tout ce pays à Thomas. »

Aucun historien contemporain de la guerre des Albigeois ne donne ces détails, que certains titres des archives de Chalabre, aujourd'hui perdus, confirmaient jadis, selon les généalogistes. Dans le premier texte cité, la division du pays en deux baronnies peut surtout être révoquée en doute; mais il est assuré que Pons de Bruyères devint le possesseur de la majeure partie du Kercorbez. Montfort la lui donna en vertu des droits dont l'avait investi l'autorité ecclésiastique, et de ceux que Roger Trencavel lui avait cédés (1211). L'histoire de ce pays fut dès ce moment celle de la maison de Bruyères.

Cette famille était depuis longtemps considérable, lors de la croisade : l'un des aïeux de Pons avait pris, en 1089, le nom du fief de Bruyères-le-Châtel, situé dans la forêt d'Ivelisse, île de France (1), parce qu'il en avait reçu l'investiture de Beaudouin, comte de Flandres, son oncle et tuteur du roi Philippe Ier; un Thomas de Bruyères avait accompagné Louis-le-

(1) Aujourd'hui département de Seine-et-Oise.

Gros aux obsèques de Milon de Montlhery; Thibaut, son fils peut-être, s'était croisé avec Louis-le-Jeune (1147); il avait été père de Nicolas de Bruyères, qui figure comme témoin dans une donation faite en faveur de l'église de Saint-Vincent de Nemours (1186); à celui-là, probablement, le vainqueur du Kercorbez devait la vie... Mais la filiation authentique de cette lignée ne commence qu'à son établissement en Languedoc, c'est-à-dire à Pŏns.

Les auteurs nomment ainsi le compagnon de Montfort; des notes écrites, en 1775, par le marquis de Bruyères-Chalabre, l'appellent Thomas; nous nous en tiendrons aux généalogies plus anciennement imprimées, le feu ayant dévoré les titres qui pouvaient élucider la question.

Les premières années après la prise de possession de ses domaines furent fécondes en périls et en alarmes pour le baron de Puivert... Vaincue, mais non découragée, la race languedocienne prolongeait l'agonie de son indépendance au sein des pays montagneux; et, comme telle, la région du Kercorbez devint le théâtre de luttes continuelles entre les feudataires de Montfort et les anciens seigneurs. Ceux-ci étaient secondés par un auxiliaire d'un voisinage redoutable pour Bruyères : c'était Roger Bernard de Foix. Ne reconnaissant pas les droits violemment acquis à Simon, ce comte revendiquait les biens des Trencavel en vertu de la cession faite dès l'année 1204, et plus encore en sa qualité de tuteur de leur unique rejeton. A lui surtout revenait donc le soin de chasser de leurs domaines usurpés les créatures de Montfort. Mais en vain prolongea-t-il la guerre avec des alternatives diverses : ses attaques échouèrent devant l'empressement des chevaliers, venus de France s'établir sur ses frontières, à se porter un mutuel secours...

Ils durent néanmoins désespérer de leur situation, lorsque, sous les murs de Toulouse, le héros de la croisade fut tué par cette pierre « qui frappa où il fallait, » suivant l'expression d'un chroniqueur (1218)... A cette nouvelle, le soulèvement des sujets de Raymond gagna de proche en proche, semblable à un vaste incendie; de toutes parts les vaincus s'armèrent, et bientôt Amaury, le fils et l'héritier de Simon, vit le fruit de tant de victoires près de lui être ravi... Sa position devint si critique, qu'il chercha inutilement à se conserver l'appui des chevaliers attachés encore à sa fortune, en leur offrant ses terres de France comme gage de leur salaire; beaucoup l'abandonnèrent, et le maréchal de Lévis et Lambert de Turrey lui furent presque seuls fidèles. Pons de Bruyères suivit cet exemple, on peut l'affirmer, malgré le silence de l'histoire; n'eût-il pas été mu par un sentiment de loyauté, il était trop intéressé au triomphe de la cause d'Amaury pour se séparer de lui; pouvait-il espérer d'être maintenu possesseur de son fief au détriment des vassaux dévoués au comte de Foix ou au dernier Trencavel, qui recouvraient à peu près tout le patrimoine des vicomtes de Beziers?... Il fut peut-être alors obligé d'abandonner Pui-vert, de même que Lévis et Turrey se virent chassés l'un de Mirepoix, l'autre de Limoux, et de se retirer dans une des places peu nombreuses non reprises sur Amaury... Celui-ci quitta le Languedoc au mois de jan-vier 1224; à peine arrivé en cour de France, il abandonna à Louis VIII tous ses droits sur les conquêtes de son père, moyennant la promesse de l'épée de connétable. Deux ans après seulement, le roi vint, à la tête d'une formidable armée, prendre possession de ses nouveaux domaines; les deux cent mille hommes qui l'accompagnaient, au dire des historiens, l'en ren-dirent maître avec de grandes pertes. Il réintégra dans leurs biens la plu-part des barons français dépossédés par la dernière révolte, et confirma spé-cialement la donation faite à Pons de Bruyères par Simon de Montfort. Le seigneur de Puivert relevait donc immédiatement du roi de France et pouvait en attendre une protection efficace; il fut cependant inquiété par le comte de Foix qui avait racheté le Kercorbez des mains d'Izarn Bernard de Fanjaux, et l'avait reçu en don irrévocable du vicomte de Beziers, son pupille (1227); mais, fatigué de prolonger une lutte inutile sur d'autres points plus importants, ce comte se soumit aux conditions imposées à Raymond de Toulouse, naguère son allié (1229)...

Dès ce moment, paraît-il, la possession de sa terre ne fut plus disputée à Pons; il n'était pas toutefois à l'abri des attaques des derniers hérétiques. Si leur résistance s'était longtemps prolongée dans les montagnes du Mi-nervois, du Termenez et du Kercorbez, ils défiaient encore les barons croisés du haut des rochers de Montsegur, position formidable où s'élevait un château placé comme une permanente menace à l'horizon de Puivert. De cet asile, défendu par d'épaisses forêts et de profonds précipices, les sec-taires fondaient tout à coup sur le territoire de Lévis ou de Bruyères, égor-geaient leurs hommes d'armes, brûlaient leurs châteaux et disparaissaient en marquant leur passage par des traces de sang et de feu.

La défense seule était permise aux seigneurs exposés à ces agressions, car ils ne pouvaient tenter d'en poursuivre les auteurs au sein de leur impénétrable retraite. Mais des évêques et le sénéchal de Carcassonne résolurent de détruire ce foyer de révolte et d'hérésie. Pons s'empressa certainement de se joindre à Lévis pour une expédition qui devait assurer leur commun repos ; ils purent, après un siége long et pénible, se réjouir de la chute du dernier boulevard des hérétiques (1243).

Il fut donné au baron de Puivert d'envisager avec confiance, avant sa mort, l'avenir de sa maison dans le riche héritage qu'il lui transmettait. En effet, il voyait ses anciens compagnons d'armes groupés autour de lui au fond de leurs forteresses... Ainsi rapprochés et réunis pour ainsi dire en faisceau, placés d'ailleurs sous la protection du roi de France, dont l'autorité faisait tous les jours de nouveaux progrès, ni eux ni les siens n'avaient plus rien à craindre des populations naguère hostiles, mais préférant désormais leur sort aux horreurs d'une guerre d'extermination. Comprenant combien leur union assurait leur sécurité, ils s'étaient efforcé de la resserrer par les liens du sang, et Pons lui-même avait donné en mariage, à Guyot de Lévis, la fille qui lui était née d'Anne de Moulins ou du Moulin, devenue sa femme en 1216, et dont aussi il avait eu un fils, continuateur de la race.

C'était Jean Ier de Bruyères. Il figura, en 1270, aux assises de la sénéchaussée de Carcassonne, dans laquelle se trouvaient compris depuis son établissement Puivert et le Kercorbez ; trois ans plus tard, il transigea avec le prieur de Camon, au sujet de certaines rentes, et la même année, prit pour femme la fille du baron de Mirepoix, Eustachie de Lévis, dont le frère avait déjà épousé sa sœur (1). Cette seconde alliance entre les deux familles était pour elles un nouveau gage de prospérité, car elle cimentait leur union, un instant compromise ensuite, néanmoins : Eustachie se vit intenter par son frère, à propos d'un partage de biens, un procès qu'il perdit ; elle avait apporté en dot à Bruyères une partie des terres de sa maison, et Guyot voulait les recouvrer ; la querelle ne tarda pas à être apaisée.

Six ans après ce mariage, les domaines et les vassaux des deux familles, ceux des Lévis surtout, furent frappés d'un effroyable désastre, qui cependant prit naissance aux environs de Puivert. « En 1279, disent les chro-

(1) Le père Anselme, La Chesnaye des Bois.

niques, les eaux de l'Hers, débordées et grossies par suite de la rupture d'un grand lac qui existait près de Puivert, inondèrent la ville de Mirepoix, et la ruinèrent de fond en comble (1). »

Les traditions populaires s'accordent avec l'histoire pour le récit de ce fait; elles n'attribuent pas, non sans raison, aux seules causes naturelles, cette rupture dont les suites devinrent si terribles, mais représentent une reine, nommée Blanche, comme l'auteur de travaux entrepris dans le but de mettre à sec un lac inutile..... Il est certain qu'auprès de l'ancien lit des eaux passe une voie appelée « le chemin de la reine Blanche, » et que le souvenir d'une princesse de ce nom se rencontre fréquemment au sein de ces contrées.

Nous ne chercherons pas à connaître l'origine de cette légende du lac, soigneusement transmise d'une génération à l'autre; nous ferons seulement ressortir l'invraisemblance du récit vulgaire relatif à notre sujet. Nulle souveraine portant le nom de Blanche ne régnait sur ces pays à l'époque de la catastrophe rapportée par les historiens; tout au plus pourrait-on admettre, afin de trouver un fondement à la version accréditée, qu'une reine d'Aragon avait jadis ordonné des tentatives pour faire écouler le vaste amas d'eau formé au pied des montagnes du haut Kercorbez... Selon nous, Jean de Bruyères, seul, fut l'auteur involontaire de la ruine de Mirepoix; ayant jugé plus utile de créer de riches cultures au sein de ses domaines que de conserver un lac marécageux auprès de son château de Puivert, il le fit mettre à sec, avec trop peu de précaution sans doute, pour distribuer entre quelques tenanciers les terres conquises sur les eaux. On peut voir une preuve de ce partage dans la communauté d'origine des noms imposés encore aujourd'hui à tous les hameaux situés autour ou même au milieu du bassin de l'ancien lac; tels sont : Camp-Sadourny, Camp-Barbe-Rouge, Camp-Sylvestre, Camp-Saure, Camp-Brion, etc.; c'est-à-dire, champ de Sadourny, de Barbe-Rouge, de Sylvestre, et ainsi de suite.

Suivant certains, ces noms appartenaient à des pêcheurs dont les huttes éparses sur les bords du lac devinrent des centres d'exploitation agricole, après qu'ils se furent emparés du sol desséché... Faut-il admettre l'existence de nombreux pêcheurs autour de ce vaste réservoir perdu au sein de montagnes à peine peuplées ? Ne fut-ce pas plutôt les fils des hommes d'armes

---

(1) *Gallia Christiana, Histoire générale du Languedoc*, Vidal, M. Garrigou.

3

amenés de France par son père, que Jean établit sur ce nouveau territoire comme une sorte de colonie?... Ou ne voulut-il point, en leur concédant les terres sans possesseurs abandonnées par les eaux, dédommager, à l'exemple de Lévis, ceux qu'avait ruinés l'inondation, soit à Villefort, soit à Chalabre?

Rapprochés du cours ouvert au torrent dévastateur, ces deux bourgs seuls, dans le Kercorbez, souffrirent de ses ravages; mais leur position élevée les préserva en grande partie de l'affreux cataclysme dont Mirepoix fut victime : aussi, tandis que cette ville garde toujours le souvenir du désastre, le haut pays l'a-t-il entièrement oublié, et ses traditions parlent-elles du dessèchement du lac de Puivert sans aucune réminiscence d'un sinistre...

A cet évènement succéda bientôt un fait d'une plus grande importance aux yeux de Jean et des habitants de ses domaines. En 1283, le sénéchal de Carcassonne convoqua « Jean de Bruières, chevalier, seigneur de Puivert, » et d'autres barons, afin de composer une suite imposante au roi Philippe-le-Hardi, se rendant à Bordeaux (1). Après ce voyage, Bruyères, créé chambellan du monarque, se vit combler des faveurs royales. Le prince lui accorda, « en considération de ses services, d'avoir ses vassaux taillables à sa volonté ; les déchargea à perpétuité de toutes sortes d'impôts envers la couronne ; le déclara gouverneur né de ses deux châteaux de Puivert et de Chalabre; lui en confia la garde par ses vassaux ; créa de plus, pour cette garde, une compagnie de cinquante hommes d'armes dont il devait être capitaine né, et voulut que ces priviléges fussent acquis à jamais à sa descendance (2). »

Les priviléges accordés à Jean méritent, ce nous semble, de fixer notre attention, car ils furent pour le Kercorbez l'ère d'une existence politique différente de celle des contrées voisines, et présentant un caractère tout particulier.

Pour premier résultat, ils amenèrent le changement de l'ancien nom du pays en celui de « *terre privilégiée*. » Cette dénomination fait d'abord naître la pensée que si le seigneur pouvait la donner avec raison à sa baronnie, les vassaux devaient la juger dérisoire; les obligations auxquelles

(1) *Histoire générale du Languedoc*, 4ᵉ vol., p. 41.
(2) La Chesnaye des Bois et autres généalogistes.

ils étaient soumis se présentent sans compensation apparente à côté des droits absolus de Bruyères ; mais il est facile d'observer, dans ce nouvel ordre de choses, une raison d'être qui l'éclaire d'un jour tout nouveau.

Philippe était sur le point d'entreprendre une guerre pour soutenir les prétentions des Lacerda, ses neveux, au trône de Castille, et celles de Charles, son fils, ou plutôt les siennes, à la couronne d'Aragon : près des frontières de ce dernier royaume se trouvait le Kercorbez, et les circonstances faisaient au roi de France un impérieux devoir d'encourager les habitants de ce pays et leur chef naturel à la défense la plus vigoureuse. C'était donc un gage de confiance habilement donné à Bruyères dans les intérêts du souverain, que le mandat de protéger la contrée à l'aide des hommes de sa terre ; c'était par suite un acte de justice que d'exempter ceux-ci des charges imposées aux autres sujets, puisqu'ils supportaient celle de repousser les agressions incessantes de l'ennemi : mais il n'était pas moins équitable que nécessaire de laisser au seigneur la faculté de leur demander des sacrifices plus ou moins grands, selon que les exigeraient les évènements, puisque sur lui seul retombait le soin d'organiser la résistance ou l'attaque...

La connaissance des rapports réglés entre le baron de Puivert et ses vassaux, par la charte de 1283, fait naître encore une autre réflexion. Il était déjà éloigné ce temps où Montfort ordonnait à ses chevaliers d'exclure les Languedociens des rangs de leurs hommes d'armes, où les barons venus de France s'entouraient de mercenaires étrangers au langage et aux mœurs du pays, ce temps enfin où les Aragonais faisaient cause commune avec les partisans des Trencavel. La domination de la race du nord était dorénavant un fait accepté, et les anciennes antipathies s'éteignaient, puisque les vainqueurs ne craignirent pas de confier la garde de leurs châteaux à la population subjuguée..... Désormais, les pâtres et les laboureurs du Kercorbez défendaient leurs troupeaux et leurs moissons contre leurs anciens alliés, sous les drapeaux du roi de France et la bannière d'un seigneur français qu'ils reconnaissaient pour leur protecteur naturel, depuis surtout que ses intérêts étaient concentrés au milieu d'eux, l'ancien fief de sa famille, Bruyères-le-Châtel, étant passé en d'autres mains, du vivant même de son père.

Jean fut appelé à prendre part à la lutte de son souverain avec le roi d'Aragon... « Le sénéchal de Carcassonne manda le samedi avant saint

Marc (1285) à..... et à Jean de Bruières, chevalier, de se rendre inces-
samment auprès de lui à Carcassonne en chevaux et en armes, pour le
service du roi. Il leur ordonna quelques jours après de faire provision de
vivres et autres munitions pour trois mois, dans leurs maisons de la cité
de Carcassonne et d'y tenir *leur garnison complette*, pour le service auquel
ils étaient obligés envers le roi, et de se tenir néanmoins prêts à marcher
quand ils en seraient requis (1)... » Les savants bénédictins, auteurs de
ce passage, nous expliquent à quoi étaient astreints les chevaliers de cette
partie du Languedoc. « La plupart de ces seigneurs, disent-ils, étaient
d'origine française ; Simon leur avait inféodé les terres qu'ils tenaient dans
la sénéchaussée de Carcassonne, à condition de le servir pendant trois mois
de l'année dans la cité de Carcassonne où ils avaient leurs maisons..... »
Le roi de France ayant maintenu les feudataires de Montfort, ils lui
étaient redevables des services stipulés avec leur ancien seigneur.... Ce
n'étaient donc pas seulement leurs châteaux que les Bruyères avaient à
garder ; ils devaient aussi entretenir des soldats dans une maison fortifiée,
au chef-lieu de la sénéchaussée, et y résider eux-mêmes une partie de
l'année.

Quelques mois après cette convocation, le roi mourut, et sa mort fut
suivie d'un armistice qui permit à Jean de regagner ses domaines, mais
pour y rendre, lui aussi, le dernier soupir, si toutefois il n'avait pas suc-
combé sur quelque champ de bataille : rien ne nous fait connaître l'époque
précise de sa fin ; on peut affirmer cependant qu'elle arriva au commencement de 1386, puisque cette même année le sénéchal de Carcassonne,
enjoignant aux seigneurs de la sénéchaussée de se préparer à la guerre,
adressa cet ordre à « Eustachie, dame de Puivert (2), » alors veuve par
conséquent.

Jean avait porté plus haut que son père, sinon la gloire, du moins la
prospérité de sa maison ; chambellan, gouverneur et capitaine né, il compta
parmi les personnages marquants du Languedoc ; la transaction de 1273
le qualifie de haut et puissant seigneur ; d'autres actes lui donnent l'appellation de chevalier et de très-noble homme, possédant les seigneuries de
Puivert, Chalabre, Rivel, Sonac, etc. L'absence du titre de baron dans

(1) *Histoire générale du Languedoc*, 4e vol., p. 47.
(2) *Histoire générale du Languedoc*, 4e vol., p. 58.

la plupart de ces pièces s'explique par la signification vague longtemps conservée à ce mot, dénomination générique rarement employée pour marquer la hiérarchie même au xiiie siècle, puisque des comtes ou de simples chevaliers la recevaient parfois.

Bruyères laissait deux fils, l'un et l'autre appelés Thomas; nés après 1273, ils étaient encore en bas âge, et leur mère fut leur tutrice... En 1288 eut lieu la rupture de la trève conclue entre le roi de France et le monarque aragonais. Par commandement du prince, le sénéchal de Carcassonne signifia la reprise des hostilités « à... et au seigneur de Puivert (1), » dont la jouissance appartenait encore à Eustachie de Lévis, en attendant que l'aîné de ses fils fût en état d'en prendre la propriété... On ne peut savoir lequel des deux frères servit plus tard dans la guerre déclarée par Philippe-le-Bel à Edouard Ier d'Angleterre (1292), et prit part à celles de Flandre (1297-1304); toutefois, il est positif que le plus jeune devint le chef de la famille et forma le troisième degré généalogique, en vertu de la substitution faite par leur père à celui de ses fils qui aurait des enfants mâles.

En 1310, il épousa Isabelle de Melun, et, quatre ans plus tard, alla combattre dans les Flandres... Les exemptions accordées aux habitants de la *terre privilégiée* furent alors reconnues et confirmées de fait. Pour subvenir aux frais de la guerre contre les Flamands, des subsides avaient été demandés par le roi à la province de Languedoc... Les villes, comme les terres seigneuriales, supportèrent de lourds impôts; mais « les vassaux de Thomas de Bruières, chevalier, seigneur de Puivert, ne donnèrent que 80 livres, attendu qu'ils *n'étaient taillables qu'à sa volonté*, et qu'il avait fait de grandes dépenses pour se mettre en armes, et alla rejoindre l'armée du roi (2). »

Par lettres-patentes données en 1319 à Thomas de Bruyères, Philippe V étendit les immunités dont jouissaient « les terres de son ressort... » Elles furent exemptées « de toute subvention, capitation, taille et crue de sel, que les habitants eurent pouvoir de prendre à Carcassonne ou ailleurs, au prix de 106 sols le minot, net de sac et de corde (3). »

Un fait plus mémorable signala la domination de Thomas Ier sur la terre

(1) *Histoire générale du Languedoc*, 4e vol., *preuves*, p. 90.
(2) *Histoire générale du Languedoc*, 4e vol., p. 158.
(3) Archives du château de Chalabre. *Pièce orig.*

privilégiée ; ce fut l'agrandissement du château défendu sans succès par les Albigeois. Pons en avait épargné les murs pour se conserver un redoutable asile ; ils subsistèrent dans leur état primitif jusqu'au xive siècle. Jean, son fils, creusa peut-être les fondements d'une enceinte nouvelle à côté de l'ancienne forteresse, vers 1284 ; mais il était réservé à Thomas d'ériger les massives constructions, debout encore aujourd'hui, dont les pierres nous révèlent, par leurs symboles héraldiques, le nom de leur premier maître. Elles supportent en plusieurs endroits des écussons où sont représentés : un lion à la queue fourchue et nouée et 7 besans posés 3, 3 et 1, avec un chef cousu. Or, les armes que Pons transmit à ses descendants étaient : *d'or, au lion de sable, la queue fourchue, nouée et passée en sautoir, et les Melun portaient : d'azur aux 7 besans d'or, posés 3, 3 et 1, au chef du même.* Chacun peut donc reconnaître dans ces sculptures les armoiries des deux familles alliées en la personne de Thomas Ier et d'Isabelle, et les regarder comme un souvenir de cette alliance ; et mieux encore pour nous, comme une indication de date que nulle inscription, nul document, ne nous a conservée.

Grâce au témoignage de ces pierres, nous devons en toute certitude attribuer à l'époux d'Isabelle l'érection des nouveaux murs, lui seul ayant eu un motif pour ordonner à ses imagiers d'y figurer le blason des Melun. S'il fallait, en outre, préciser le temps où ces travaux furent exécutés, nous indiquerions la période de 1325 à 1350 au plus tard. Thomas ne put, en effet, songer à une pareille entreprise avant la première époque, détourné qu'il en fut par des guerres lointaines dans les commencements de son mariage ; après la seconde, la baronnie ne lui appartenait plus... Vers 1340 d'ailleurs, la crainte d'une invasion de la part des Anglais détermina les villes et les seigneurs languedociens à élever de nombreux ouvrages de défense, et Bruyères, n'eut-il pas devancé ces préparatifs, n'aurait pas été des moins empressés à les entreprendre.

Des fêtes, célébrées à l'occasion de trois mariages, servirent d'inauguration au château récemment édifié. La première de ces unions fut celle de Jeanne, fille de Thomas Ier, avec Guy de Nesle ou de Néelle (1345) ; la seconde, celle de l'aîné de ses frères, avec Béatrix de Barence (1346) ; enfin, le plus jeune, Philippe, épousa Marguerite de Capendu en 1348 (1).

(1) Généalogistes. Archives du château de Chalabre. *Notes, pièces diverses.*

Ces trois alliances nécessitèrent un partage qui devait affaiblir la maison de Bruyères. Il eut lieu en 1350, et donna Puivert, Nébias, Saint-Jean de Paracol, Montjardin, etc., à Thomas II, premier né des garçons, tandis que Chalabre, Rivel, Sonac et d'autres biens devenaient la propriété de Philippe. Jeanne avait conservé des droits sur la jouissance de la terre et du chàtèau de Puivert, entre autres; conjointement avec son second mari, Orgis, comte de Soissons, elle les vendit à son frère aîné moyennant la somme de 17,000 liv. le 19 août 13.. (1).

On serait amené à croire, par la connaissance de ce partage, que Thomas Ier était mort lorsqu'il eut lieu; les généalogistes le font cependant vivre dix années encore après, mais il avait évidemment fait l'entier abandon de ses biens à ses fils, sauf la réserve de quelque rente, puisqu'ils paraissent seuls dans les chartes à partir de 1350, époque où la famille se divisa en deux branches : celle des seigneurs de Puivert et celle des seigneurs de Rivel ou de Chalabre, entre lesquels il exista dès-lors une formelle distinction. On en voit la première preuve dans le dénombrement de sa baronnie, fait en particulier par Philippe, l'année même du partage. Les intérêts des deux frères étant désormais séparés, il est nécessaire de ne plus confondre leur histoire, et nous nous occuperons d'abord de la branche aînée seulement et de ses successeurs, maîtres de Puivert.

Le contre-coup des luttes nationales contre les Anglais se fit ressentir dans la seigneurie de Thomas II, par les exigences pécuniaires de la guerre; les états généraux ayant ordonné de grandes levées d'impôts, afin de faciliter au roi les moyens de repousser l'ennemi, le baron de Puivert vit demander à sa terre les sacrifices exigés des autres parties de la province... Fort de ses priviléges, il adressa alors au régent de France une plainte contre les commissaires députés dans les trois états de Languedoc, pour recevoir les subventions ou impositions de cabage. Le prince fit droit à ses réclamations par des lettres-patentes dont voici des extraits : « Notre amé et féal Thomas, seigneur de Bruyères et de Puyvert, chevalier, nous a montré une plainte à cause de son dit château, terre et baronnie de Puyvert, dont les hommes sont taillables à volonté une fois l'an; et pour cette cause, ils ont été francs, quittes, exempts de toutes tailles, subsides, redevances et autres servitudes quelconques, tant pour le fait de

(1) Archives du château de Chalabre. *Note.*

guerre que pour tout autre fait; et de ce, ont été et sont, lui et ses successeurs, en possession paisible depuis tant de temps, qu'il n'est mémoire du contraire... De plus, ajoute le document cité, le dit château est fort et la clef de tout le pays; il est aussi à la frontière des ennemis du dit seigneur et de nous, et à cause de la dite franchise, il doit garder le dit château à ses frais et dépens... » Il est, en conséquence, défendu par le régent, aux commissaires des subsides, de persister dans leurs exigences; ordre formel leur est donné de rendre ce qui aurait pu être déjà levé ou pris, 17 mai 1358 (1)...

Cette pièce est une preuve nouvelle de la division bien reconnue de la *terre privilégiée*, puisqu'elle parle exclusivement du seigneur et du château de Puivert; elle démontre aussi l'importance stratégique de cette forteresse, et fait connaître les charges qui pesaient sur les Bruyères par suite de leur position dans ce pays frontière, autant que l'empressement des souverains à les en dédommager selon leur pouvoir.

Mais ces priviléges devaient bientôt inspirer à Thomas II l'amer regret de ne pouvoir les transmettre à un fils : baron de Puivert, sénéchal de Carcassonne et rejeton d'une illustre famille, il vit avec douleur sa race près de s'éteindre et ses biens sur le point de passer en des mains étrangères, car Béatrix lui avait donné seulement des filles; c'étaient Elix, Jeanne, Isabelle et Marguerite.

L'aînée fut mariée avec Guiraud ou Géraud de Voisins, on ne sait en quelle année; la seconde épousa Philippe de Carmaing en 1367; la troisième, Gaston de Laparade; la dernière, enfin, devint l'épouse de Guillaume de Bordis ou de Bordes, en 1374. Toutefois, leur père ne put voir que deux de ces unions qui mirent en lambeaux sa part de l'héritage laissé par ses aïeux; un acte de 1368, dans lequel Philippe de Bruyères figure comme seul représentant de cette maison, prouve que Thomas II avait alors cessé de vivre... En lui s'éteignit la branche aînée de sa race, et par sa mort la moitié des anciennes possessions de sa famille en sortit pour toujours.

Géraud de Voisins, invoquant les droits qu'Elix lui avait apportés sur Puivert, prit possession du château et le dénombra en 1371 (2). Ce ne

(1) Archives du château de Chalabre, pièce publiée par M. Buzairies.
(2) Le marquis d'Aubais, *Généalogie des Voisins*.

fut pas sans contestations de la part de l'oncle de sa femme, Philippe, baron de Rivel et de Chalabre, qui, désormais chef de sa maison, prétendait conserver sinon la propriété, du moins la garde et le gouvernement de cette forteresse, en vertu des priviléges accordés aux Bruyères à perpétuité; il voulait aussi sauvegarder les droits compromis des autres filles de son frère.

L'autorité royale intervint d'abord inutilement dans la querelle; mais Guiraud ne tarda pas à se soumettre, comme le prouvent les lettres de grâce qui lui furent accordées « au sujet de ses rébellions au château de Puivert, » en 1372 (1).

Au temps de ces luttes domestiques appartient sans doute le manuscrit sans date et rempli de détails trop longs pour être rapportés en entier, intitulé ainsi : « Compte des receptes et depenses de la terre de Puybert, faites par moi Jehan de Teffons, chanoine de Mirepoix, pour nobles et puissans demoiselles Marguerite, Jehanne et Ysabel de Bruieres, filles legitimes et heritiers de noble et puissant seigneur Monseigneur Thomas de Bruieres, chevalier, seigneur de Bruieres et de Puybert, que Dieu absolve (2). » Nous y lisons entre autres choses : « Trois parties de la dite terre (de Puivert) appartiennent aux dites demoiselles, et la quatrieme à Monseigneur Guiraud de Voisins, à cause de mademoiselle Elix, sa femme, sœur des dites demoiselles. » Nous y voyons aussi mentionnées plusieurs sommes payées : — à un notaire venu à Puivert par mandement du procureur du roi, pour faire vendre les blés des trois sœurs; — à un serviteur, nommé Adam, pour frais d'un voyage à Carcassonne, où il était allé afin d'empêcher que ces blés ne fussent vendus; — à un hôtelier qui avait fourni des vivres « au baron de Rivel et à Gaston de Laparade, mari de mademoiselle Ysabel; » n'ayant pu entrer dans le château, ils s'étaient logés « à la Chapellenie. »

Les parts des quatre filles de Thomas II à l'héritage paternel étaient égales, on le voit par la première citation; les deux suivantes indiquent l'intervention des gens du roi dans la querelle suscitée par l'époux d'Elix; et la dernière prouve que les hommes d'armes de ce même Guiraud de Voisins occupaient le château de Puivert, puisque l'entrée en était refusée

---

(1) Archives du château de Chalabre. *Pièce originale.*
(2) Archives du château de Léran. *Id.*

4

au baron de Rivel, c'est-à-dire à Philippe de Bruyères, si même il n'était en séquestre provisoire entre les mains du sénéchal de Carcassonne... Mais reprenons le cours du récit.

Guiraud de Voisins, Elix de Bruyères, ses trois sœurs et leur cousin Philippe II de Bruyères, se réunirent en 1376 dans la chapelle du château disputé, pour mettre fin par un partage à leurs contestations sans cesse renaissantes; mais ils le firent d'une manière qui devait amener de nouveaux désaccords. On divisa la baronnie en quatre lots, dont trois comprenaient chacun le tiers du château. Voici comment s'exprime l'acte dans lequel leur contenance respective fut consignée... « Aura ceste partie (le premier lot) la tierce partie du chastel de Pucybert, cest à savoir toute la grant tour et toute la tour vert, et de passe de la sale et de tout lostel du donjon, tant de passe come il y a depuis le aut de la grosse tour, tant come comptient toute la fenestre de devers Yssalabre, et toute ycelle... semblable espace en tous les estages du dit donjon comme la dessus dite passe, depuis le comport de la dite grant tour come tout en aut jusques auprès d'ycelle pour avoir entrée et yssue es estages de la dite tour grant... » Ces droits de passage dans le donjon pouvaient susciter des difficultés pour la clôture des portes; afin de les prévenir, il fut ajouté : « Celuy à qui le donjon escherra,... la cloture sera faite en commun entre luy et celuy à qui la grosse tour sera, se passera par meytie autant la un come laultre, — et demorera aux dites parties la cisterne en commun, et aveques ce aura celuy qui aura les dites tours grosse et vert lestage aut de lalee de la tour de la tresorerie par aquelle il passera es aux dites tours... »

Pour la seconde portion, il fut dit : « Aura ceste partie du chastel la porte de lyere et les deues tours des quayres, la tour gualharde et la tour bossue jusques à la mesure que feyt Gaston de Laparade. »

La troisième fut ainsi formée : « Aura ceste partie du chastel tous les estages du donjon, tout ce qui est devers lo pont (1) come il se comporte, excepte solament la grant tour, la tour vert aveques le passe et alers ordenes au partage des dites tours et demorera la cisterne comme il est devise au dit partage. »

Le nombre total des hommes que devait fournir la baronnie pour la

(1) Le pont sur le Blau, à l'ouest du château.

garde du château, fut en outre ainsi réparti entre ces trois lots : « Plus celui qui aura ceste partie (la première) aura dos homes de la ville et appertenence de Pueybert pour son gayt tant solament... li sera remis le gayt que devent les gens de sant Johan et de Vilafort à sa volunte pour les usagies que li plaira, et sauve ce aler quils seront tenus de guayter en temps de guayt aux aultres dites parties du chastel. — Qui aura ceste partie (la deuxième) aura la meytie de tout lo gayt de la vila et appertenence de Pueybert, sauve dos homes qui sont ordenes pour guayter à la grosse tour. — Qui aura ceste partie (la troisième) aura la meyte de tout le guayt de la ville et appertenence de Pueybert, sauve dos homes qui sont ordenes de guayter chascune nueyt à la grosse tour... »

Citons encore quelques passages : « Qui aura ceste partie (la précédente) parera le chapelan du chastel pour ce quil impausera la queste et doura la chapelle quant elle vaquera. — Les moubles du chastel tous seront communs à tous les dits seigneurs... aura chascun toute justice aute meyane et basse et premier ressort en son balliage... Demorent les gens de la terre en lors costumes acostumees tant es fores comme ailleurs. »

Nous regrettons de ne pouvoir citer en entier, à cause de sa longueur, la pièce à laquelle sont empruntés ces courts fragments ; nous avons cru devoir en extraire seulement les passages relatifs à cette étrange division d'une forteresse, dont l'impossibilité pratique amena d'inévitables différends ; mais elle donne, en outre, les plus grands détails sur les droits seigneuriaux en vigueur dans la baronnie de Puivert, et fait connaître l'administration féodale de ce pays avec toutes ses particularités ; toutefois, après avoir établi nettement la contenance des quatre lots, elle ne dit pas à qui chacun d'eux échut, et nous n'avons pu le savoir d'une manière précise. Selon des indices fournis cependant par d'autres actes, le donjon et ses dépendances furent laissés à Guirand de Voisins; Gaston de Laparade et sa femme Isabelle eurent la première portion indiquée dans le partage; la troisième devint la propriété de Marguerite, mariée à de Bordis; quant à Jeanne, sa part ne comprenait aucun droit sur le château.

A l'appui de l'assertion attribuant la propriété du donjon à Guiraud de Voisins, vient le procès intenté par lui, en 1379, « aux habitants de Puivert qui se refusaient à faire guet et garde au donjon (1), » comme ils y

(1) Le marquis d'Aubais , *Généalogie des Voisins.*

étaient obligés en vertu du privilége accordé à Jean Ier de Bruyères, se fondant sur ce que le droit de les y contraindre n'était pas attaché à la possession du château, mais concédé seulement aux Bruyères, à titre de faveur personnelle. Le parlement n'admit pas leur défense, attendu que n'ayant pas cessé de jouir de leurs immunités à cause de cette obligation de garde permanente, ils étaient tenus de continuer ce service sous n'importe quel seigneur.

Mais il ne suffisait pas à l'époux d'Elix de posséder une partie de Puivert; c'était la propriété de toute la forteresse et de toute la baronnie qu'il convoitait; son caractère remuant, mis en évidence par ses querelles avec les vassaux de toutes ses terres (1), le porta à tout entreprendre pour atteindre ce but, bien fait d'ailleurs pour exciter son ambition. Il y parvint, ainsi que le prouve un compromis passé l'an 1381, à l'instigation du comte de Foix, entre lui et sa femme d'une part, et Philippe de Bruyères, leur cousin, d'autre part, « au sujet des différends qu'ils avaient à raison du droit de propriété de la grande tour du château (2), » et comme le démontre aussi une transaction conclue entre les deux époux et de Bordis, leur beau-frère, en 1409 (3)... A cette époque, la mort avait débarrassé Guiraud de Voisins d'un rival acharné à lui disputer Puivert : c'était Philippe II de Bruyères qui ne laissait que des enfants en bas âge. En 1440, Voisins dénombra seul l'héritage de Thomas II de Bruyères, alors possédé par lui en vertu de son mariage avec Elix et de divers arrangements avec ses co-seigneurs, auxquels pourtant revenaient encore certains droits sur la baronnie de Puivert... Il mourut quatre ans après, ayant pour héritiers un fils, Philippe, et deux filles nommées Jeanne, dont la seconde avait épousé, en 1402, Roger de Lévis-Mirepoix.

Ce n'est pas ici le lieu de remonter à l'origine des nouveaux maîtres de Puivert; il suffira, ce nous semble, de rappeler les liens qui existaient vers 1209 entre les chefs des maisons de Bruyères et de Voisins, tous deux compagnons de Montfort, tous deux venus de France pour se fixer en Languedoc. Pierre de Voisins avait alors été créé baron d'Arques et d'autres lieux, et seigneur en partie de Limoux; son descendant, Guiraud, put

(1) Archives de la commune d'Arques. *Pièces originales.* M. Fonds Lamothe, *Notice sur Limoux.*
(2) Archives du château de Chalabre. *Pièce originale.*
(3) *Ibid., id.*

joindre à ces titres celui de baron de Puivert, dès ce moment perdu pour les Bruyères, et transmis à Philippe de Voisins par son père, dont la veuve démembra avec lui et ses deux filles les domaines qui devaient leur revenir (1). Elix de Bruyères eut bientôt à se plaindre des suites de ce partage : elle se vit contester après coup par son fils certains droits viagers qu'elle s'était réservés sur les châteaux de Couiza et de Puivert; un procès s'ensuivit... Parmi les nombreuses pièces relatives à cette affaire, la moins précieuse aujourd'hui n'est pas celle dont voici l'annotation anciennement écrite : « Information faite de l'état des biens meubles et immeubles des terres, châteaux et maison de Puyverd et Couïssa, aux temps que noble Philippe de Voisins, seigneur d'Arques, possédait les dites terres et maison; et ce, au sujet du procès qui était entre noble dame Elix de Bruyères et Philippe de Voisins, son fils (2). »

Ce document, daté de 1421, renferme l'énumération curieuse du mobilier d'un château au commencement du xvᵉ siècle; mais nous ne saurions le rapporter ici sans trop nous écarter de notre récit; il est d'ailleurs incomplet en ce qui peut concerner Puivert : nous le citons uniquement comme une des preuves de la longue contestation survenue entre Philippe de Voisins et sa mère, et terminée enfin par un arrangement amiable.

En 1418, Roger-Bernard de Lévis-Mirepoix était mort au château de Puivert, sur lequel sa femme, Jeanne de Voisins, avait conservé des droits. Plus tard (1432), Philippe, devenu ainsi que sa sœur veuf d'un membre de la famille de Lévis, par la mort de sa première femme, Elipside, épousa en secondes noces Gabrielle de Carmaing. Ils eurent pour unique fils Jean II de Voisins, marié, en 1454, avec Paule de Foix-Rabat... C'était pour lui une alliance illustre, mais justifiée par l'importance de sa maison... Le 11 juillet 1464, il rendit hommage au roi, et lui dénombra ses nombreux fiefs, entre autres celui de Puivert dont il allait être dépossédé.

Elipside de Lévis, première femme de Philippe de Voisins, n'ayant point donné de rejeton à son mari, la somme qu'elle lui avait apportée en dot devait rentrer de plein droit dans sa famille. Jean de Lévis, frère d'Elipside, la réclama, et en poursuivit la restitution sur la tête de Jean II de Voisins, fils de Philippe, qui repoussa ses prétentions et soutint un long procès contre lui...

(1) Le marquis d'Aubais, *Généalogie des Voisins.*
(2) Archives du château de Léran. *Pièce originale.*

Sans énumérer toutes les preuves de cette contestation et les documents où nous l'avons étudiée, nous nous contenterons d'en citer le résumé écrit par le feudiste Cairol vers 1750 : « Dans ce procès, il s'agissait, dit-il, de la répétition de la somme de 8,000 livres de dot constituée à Elipside de Lévis, fille de Jean de Lévis, seigneur de Mirepoix, et de Jeanne d'Armagnac, mariés, décédée sans enfants de son mariage avec Philippe de Voisins, seigneur d'Arques et de Puyvert, pour le paiement de laquelle somme Jean de Lévis, seigneur de Mirepoix, frère de ladite Elipside, plaida contre Jean de Voisins devant le sénéchal de Carcassonne, et par appel devant le parlement de Toulouse, et ensuite au conseil qui renvoya le procès devant le parlement de Paris qui, par arrest du 23 février 1485, condamna ledit Jean de Voisins à payer audit Jean de Lévis la somme de 8,000 livres, qui fut évaluée au temps dudit arrest à celle de 12,800, monnoye du cours, pour l'entier paiement de laquelle somme de 12,800 livres et pour celle de 4,800 livres restant d'ycelle, ledit Jean de Lévis poursuivit le décret de la terre et seigneurie de Puyvert, qui fut adjugée à Barthélemy Laurens, procureur dudit seigneur de Mirepoix, par arrest dudit parlement de Paris, le 22 mars 1491 (1). »

D'après cette adjudication, le château et la baronnie de Puivert devinrent la propriété de la maison de Lévis-Mirepoix, qui les conserva plusieurs année, car en 1492, Jean, fils du précédent, obtint une gratification « sur les quints et requints de la terre de Puyvert, » acquise par son père (2), et dont plus tard (1494) les tenanciers firent en sa faveur les reconnaissances d'usage (3).

Le 24 octobre de la même année, il prit dans un acte le titre de seigneur de Puivert (4), et ce fut lui, sans doute, qui pourvut à la défense de ce château et de ces dépendances contre les incursions des Espagnols, en 1495.

L'héritage de Thomas II de Bruyères fut donc possédé quelque temps par les Lévis ; sans injustice, ils pouvaient le garder puisqu'ils l'avaient reçu en paiement d'une somme, réclamée à bon droit ; mais Jean IV, se rappelant l'amitié et les alliances contractées entre sa famille et celle de Voisins, avait ordonné à son fils de mettre fin à toute désunion et de rendre

---

(1) Archives du château de Léran. *Pièces originales* et autres. — (2) *Ibid.*, *id.* — (3) *Ibid.*, *id.* — (4) *Ibid.*, *id.*

aux barons d'Arques la terre qu'ils s'étaient vu enlever, si toutefois ils remboursaient la dot d'Elipside. Cet ordre fut exécuté et la condition remplie, nous ignorons cependant à quelle époque ; Jean II de Voisins put dénombrer encore la seigneurie de Puivert (1).

Une destinée fatale semblait attachée à la possession de cette baronnie ; comme elle avait vu finir la branche directe des Bruyères, elle vit s'éteindre celle des Voisins ; et entrée dans cette maison par une femme, ce fut par une femme qu'elle en sortit..... Le 22 novembre 1518, Françoise de Voisins, fille unique de Jean II, baron d'Arques, et de Paule de Foix-Rabat, épousa Jean de Joyeuse, et lui apporta avec la propriété des biens de sa famille celle de Puivert (2). Leur fils, Guillaume II de Joyeuse, ayant recueilli leur succession, possédait ce domaine en 1570, ainsi que le confirment un registre des reconnaissances que lui en firent les habitants, et la pièce dont voici l'analyse... Par un acte passé « le 6 juillet 1570, sous le roi Charles IX, au château de Puyvert, diocèse de Mirepoix, sénéchaussée de Carcassonne, baronnie de Puyvert, Fontrouge et Villefort, » les habitants de Puivert reconnaissent « tenir en emphithéoze perpétuelle, lods, ventes, droits de prélation, préférence, cornis et autres devoirs féodaux, de haut et puissant seigneur messire Guillaume de Joyeuse, vicomte de Joyeuse et baron d'Arques, Puyvert, Fontrouge et Villefort et autres lieux, chevalier de l'ordre du roy, capitaine de cinquante hommes d'armes de ses ordonnances et son lieutenant général en Languedoc,...... les terres qu'ils possèdent. » Ils le reconnaissent pour « leur vrai seigneur naturel et baron desdits lieux, et ayant toute justice haute, moyenne et basse, et autres droits de seigneurie, juridiction et directe..... Laquelle justice par voye ordinaire est exercée par viguier et juge ou leurs lieutenants, mis et institués par ledit seigneur, avec bayle, procureur d'office, notaire et greffier, ensemble un sergent... »

Ils promettent de lui payer, « à chaque fête de tous saints et pour la quette annuelle, 63 liv. 18 s. 4 d. tournois, etc... » Et de plus « confessent et déclarent les consuls et habitants être tenus en tout temps, faire guet et porte audit château de Puyvert, en armes et bon équipage, et y tenir continuellement huit hommes pour la garde d'icelluy à leurs dé-

(1) Le marquis d'Aubais.
(2) Le marquis d'Aubais et autres.

pens... » L'acte fut passé en l'absence de Guillaume « par devant haute et puissante dame Marie de Batarnay, sa femme (1). »

Ainsi, les Joyeuse, devenus seigneurs de Puivert, avaient succédé aux Bruyères et aux Voisins dans tous leurs droits sur cette baronnie; les vassaux les reconnaissaient pour leurs maîtres légitimes, et se conformant sans contestation aux usages établis par Jean de Bruyères, continuaient à garder la forteresse, toujours considérée comme place de guerre... Ce n'était malheureusement plus contre l'étranger seul qu'ils avaient à la défendre : elle devait jouer un rôle, peu important il est vrai, dans des luttes sanglantes, prolongées en France par la fureur des partis. L'année 1589, le vicomte de Mirepoix s'en empara, pour le roi, par surprise, et nonobstant la trève, sur le maréchal de Joyeuse, chef des ligueurs, tandis qu'il était à Toulouse (2)... Nous ne savons comment Joyeuse recouvra ce château... Vers 1593, sa veuve le vendit avec ses dépendances à Jean de Pressoires, seigneur de Tournebouys, terre située aux environs de Puivert (3). Le nouvel acquéreur avait déjà acheté une partie des anciens domaines de la maison de Bruyères, et possédait Sainte-Colombe et Rivel. Une transaction, passée le 22 juillet 1609, porte ces mots : Je, noble François de Pressoires, seigneur de Sainte-Colombe et baron de Puivert, au nom de mon père, Jean de Pressoires de Tournebouys.

Mais Puivert ne devait pas rester longtemps dans une famille... François de Pressoires, héritier des possessions de son père, mourut sans postérité, après avoir fait, le 8 novembre 1652, un testament dont les suites ressortent des extraits que nous empruntons à celui de sa femme... Au nom de Dieu. *Amen.* Je, Françoise de Potier de la Terrasse, veuve de messire François de Pressoires, chevalier de l'ordre du roy, seigneur et baron de Puivert, Sainte-Colombe, Rivel et autres lieux, désirant disposer de mes biens, etc..., et d'autant que par une clause de son testament, ledit feu seigneur mon mari m'a chargée de rendre ou de restituer ses biens et hérédité, à la réserve, toutefois, de ceux qu'il m'a donnés ou légués pour en faire et disposer à ma volonté, à tel de ses neveux ou petits-neveux que je voudrais élire, choisir et nommer lors de mon décès ou auparavant,....

(1) Archives de la commune de Puivert. *Copie.*
(2) *Histoire générale du Languedoc*, 5e vol., p. 444. Le marquis d'Aubais.
(3) Archives du château de Chalabre. *Notes.*

« Nomme messire François de Roux, conseiller du roy en ses conseils, président présidial et juge-mage de la sénéchaussée de Carcassonne, petit-neveu
dudit feu seigneur de Sainte-Colombe, veux qu'il les recueille aux charges
du testament du 8 novembre 1652. — Fait à Sainte-Colombe, le 30
août 1655 (1)..... »

Par ce testament, François de Roux devint baron de Puivert. Il était
noble de race, mais sa famille exerçait depuis plusieurs générations les
charges de la magistrature. Philippe de Roux, son père, juge-mage de
Carcassonne, avait joué un rôle dans les guerres de la ligue.

Le fils de l'héritier des Pressoires, après avoir rempli pendant plusieurs années les fonctions de juge-mage ou lieutenant-général du sénéchal
de Carcassonne, et de président au présidial de la même ville, fut reçu,
le 3 mars 1695, président aux requêtes du parlement de Toulouse, sous
la dénomination de François de Roux de Sainte-Colombe (2); il avait
cependant le droit de prendre le titre de marquis de Puivert, car en considération des services rendus par ses aïeux à la couronne, le roi Louis XIV
avait érigé cette baronnie en marquisat durant le cours de l'année 1680.
Dans un acte de 1716, il est appelé François de Roux, marquis de
Puivert, président aux requêtes du palais (3)... Le 30 juillet 1722, il
rendit hommage au roi pour son marquisat (4).

Après avoir rempli pendant quarante années, et de la manière la plus
honorable, la charge de président, François de Roux donna sa démission,
mais le brevet de conseiller d'honneur lui fut conféré, le 18 juin 1740;
il mourut le 2 décembre de la même année (5), laissant un fils appelé
Silvestre-Jean-François de Roux, marquis de Puivert, lequel avait été
reçu conseiller aux requêtes au parlement de Toulouse, le 10 septembre
1734, remplaça son père comme président de la chambre des requêtes
(10 septembre 1739), et fut nommé président à mortier, le 15 décembre
1743 (6). Quand le parlement Maupeou eut été aboli et l'ancien parlement
de Toulouse reconstitué, les membres de cette compagnie ne voulant pas

(1) Archives du château de Chalabre. *Pièce originale ?*
(2) Archives du parlement de Toulouse.
(3) Archives du château de Chalabre. *Pièce originale.*
(4) Le marquis d'Aubais.
(5) Archives du parlement.
(6) *Ibid.*

siéger sous le premier président de Niquet, celui-ci fut remplacé provisoirement par le marquis de Puivert, qui remplit cette charge jusqu'à sa
mort, survenue en 1781. Son mausolée se trouve dans l'une des chapelles
de l'église métropolitaine de Toulouse... Silvestre-Jean-François, marié en
premières noces avec N... du Bruelh, n'en eut pas d'enfants; il épousa
ensuite (1755) sa cousine N. de Roux d'Alzonne, qui, étant fille unique,
fit passer toutes les propriétés de sa branche dans celle des Roux-Puivert.
De ce mariage naquirent trois garçons : le plus jeune, Marie-Claude-
Charles-Joseph de Roux de Puivert, fut agrégé encore enfant à l'ordre de
Malte, et obtint, à l'âge de dix-neuf ans, par faveur et concession royale,
un décret du 31 décembre 1779, qui lui permit de siéger comme conseiller
avocat-général au parlement de Toulouse; cet office était alors vacant par
la démission volontaire du dernier possesseur (1). La teneur de cette pièce
prouve qu'en accordant à Claude de Roux le droit de siéger au parlement
en qualité d'avocat-général, quoiqu'il n'eût pas atteint l'âge de trente ans
requis par les ordonnances, le roi voulait reconnaître et récompenser le zèle
et le dévouement dont sa famille avait donné des gages nombreux dans les
diverses charges magistrales qu'elle avait exercées. Mais son père eut la
douleur de voir mourir ce jeune magistrat l'année suivante. Son mausolée
est aussi dans l'église Saint-Etienne, de Toulouse, réuni à celui de l'auteur
de ses jours.

Le second des fils du président, marquis de Puivert, était un officier de
distinction : chevalier de Malte comme son frère, enseigne et puis lieutenant de vaisseau (2), il fut, à l'époque de la révolution, incarcéré dans
les prisons du Luxembourg, et périt dans le massacre des prisonniers qui
teignirent ces murs de leur sang (3).

L'aîné des trois frères, appelé Bernard-Emmanuel de Roux, marquis
de Puivert, d'abord capitaine dans le régiment Royal-Picardie, puis major
en second dans celui de Guienne (4), émigra en 1791, et devint successi-
vement colonel, maréchal-de-camp et aide-de-camp de Monsieur. « Honoré
des pouvoirs du roi dans le midi de la France, il fut arrêté à Belleville,
près de Paris, le 12 mars 1804, et enfermé au Temple, transféré ensuite

(1) Archives du parlement de Toulouse.
(2) *Annuaire militaire de 1784 à 1791.*
(3) *Dictionnaire des victimes de la révolution.*
(4) *Annuaire militaire ci-dessus.*

à Vincennes, et bientôt après dans les prisons d'Angers, d'où il ne sortit que le 15 avril 1814 (1). » Cette même année, le roi Louis XVIII, en reconnaissance de ses courageux services, lui donna la charge de gouverneur de Vincennes, fonction qu'il dut résigner pendant les Cent-Jours, mais qu'il reprit immédiatement après. Il fut créé chevalier, puis officier de la Légion-d'Honneur et commandeur de Saint-Louis, enfin pair de France en 1829. Marié en premières noces avec Mlle de Maulevrier de Langeron, il n'en eut qu'une fille; devenu veuf, il épousa le 28 mai 1804, pendant sa captivité au Temple, Mlle Fortunée Dupac de Badens, qui le rendit père de cinq enfants, un fils et quatre filles. Le fils, Emmanuel-Gabriel-Fortuné de Roux, marquis de Puivert, a épousé, le 29 décembre 1840, Mlle Elisabeth de Mauléon-Narbonne, seconde fille du comte Antoine de Mauléon, seigneur de Nébias, et de dame Nathalie de Bruyères-Chalabre, dont il sera reparlé plus loin... Il est aujourd'hui le représentant de sa famille et le propriétaire du château de Puivert, provisoirement vendu et en partie détruit pendant la révolution, mais recouvré par son père. Celui-ci, en sa qualité de ci-devant seigneur haut justicier des lieux de Sainte-Colombe, Rivel, Villefort et Puivert, avait demandé, le 22 février 1818, au conseil de préfecture de l'Aude, d'être remis en possession de certains droits sur les terres vacantes de ses anciens domaines (2). Cette réclamation fut le dernier vestige d'un ordre de choses qui avait duré près de six cents ans.

Telle a été la destinée du château et de la baronnie de Puivert, depuis le moment où Pons de Bruyères s'empara du Kercorbez... Perdus pour sa descendance par suite de l'extinction de la branche aînée, leur nom ne devait plus être mêlé à celui de cette famille, à partir du xive siècle. Chalabre, au contraire, devenu l'apanage de la branche cadette, nous donnera par son histoire la suite de celle des Bruyères.

Comme on l'a vu, cette baronnie passa entre les mains de Philippe, frère de Thomas II de Bruyères, baron de Puivert. Il établit sa résidence à Rivel, qui semble avoir été, à cette époque, une demeure seigneuriale plus importante que Chalabre, car il était le chef-lieu de la seigneurie, et Philippe en prenait de préférence le nom. On peut s'en convaincre quand

(1) *Histoire du Donjon de Vincennes*, par Nougaret et Beauchamp.
(2) Archives de la commune de Puivert. *Copie.*

on lit plusieurs chartes du temps, entre autres celle par laquelle, « en 1366, Philippe de Bruyères, seigneur de Rivel et de Chalabre, accorde aux consuls de Chalabre, la faculté de créer un impôt dont le produit est destiné à clore la ville de murs, pour la mettre en état de résister aux ennemis du roi... (1). »

Avant cette date, le baron de Rivel avait combattu sous Philippe V, et reçu des blessures dangereuses ; il n'en prit pas moins part à la guerre qui amena la captivité du roi Jean-le-Bon, et se refusa, paraît-il, à payer les subventions exigées pour former la rançon du royal prisonnier, et dont la somme s'élevait pour lui « à plus de 150 écus (2) ; » c'étaient sans doute les priviléges accordés à ses prédécesseurs qu'il invoquait contre les commissaires chargés de recueillir l'impôt...

Le 13 mars 1370, il dénombra le comté de Castres à Jeanne de Ponthieu, comtesse de Vendôme, qui, dans ses lettres-patentes par lesquelles elle le nommait gouverneur de ce comté, le qualifiait de parent (3). L'année suivante fut celle de son décès. Chef de la famille après la mort de son frère aîné, il portait, ainsi que ses ancêtres, les titres de capitaine de cinquante hommes d'armes et de gouverneur né des châteaux de la *terre privilégiée* ; cette dernière charge fut, à propos de celui de Puivert, l'origine de ses démêlés avec Guiraud de Voisins, mari de sa sœur Elix.

Après sa mort, son fils, comme lui nommé Philippe, continua cette querelle.

Philippe II de Bruyères figura dans les luttes de la fin du XIVe siècle, et ce fut pour le récompenser de ses services que le roi, dont il était chambellan, lui donna le gouvernement de Montpellier et de la forteresse de Montaut, en 1396 (4). L'année précédente, déjà veuf de Judith de Gaillac et de Jordane de Peyrepertuse, il avait épousé Jordane de Damat ; cette union seule fut féconde, mais Philippe put à peine en voir les fruits, sa fin étant arrivée bientôt après (1404). Ses enfants, encore très-jeunes, demeurèrent sous la tutelle de leur mère et sous la protection de Roger-Bernard de Lévis ; aussi voit-on celui-ci excepter « les enfants de Philippe

(1) Bibliothèque Richelieu. *Généalogie des Bruyères*, titre communiqué par M. Buzairies.
(2) *Histoire générale du Languedoc*, 4e vol., p. 158.
(3) La Chesnaye des Bois. Archives du château de Chalabre. *Pièce orig.*
(4) *Ibid.*

de Bruières » de la ligue envers et contre tous, conclue entre lui et Bernard, comte d'Armagnac, le 9 mai 1405 (1).

Des lettres-patentes du 23 mars 1419, portant « exemption des tailles en faveur des baronnies de Chalabre, Puivert et terres adjacentes, » parlent « des orphelins et des héritiers de défunt Philippe de Bruières, quand vivait seigneur du lieu et de la baronnie et de la terre de Chalabre (2). »

Jean, l'aîné de ses enfants, après avoir atteint l'âge de succéder à son père, fut lui aussi baron de Rivel, Chalabre et Sonac, gouverneur et capitaine né. Il épousa, en 1434, Béatrix de Mauléon (3); cette alliance, à la suite de laquelle les Mauléon acquirent Nébias, ne devait pas être la seule entre les deux familles...

Bruyères joignit ses efforts à ceux des seigneurs qui attaquèrent les Anglais en Guienne, et fut le compagnon de Xaintrailles et de Lahire; il mourut en 1442. Ses deux fils, Roger et Jean, devaient l'un et l'autre perpétuer la race... Le second alla s'établir à Crest, en Dauphiné, et fut l'auteur de la branche appelée Bruyères-Saint-Michel; quant à Roger, il prit le nom de Bruyères-Chalabre, parce qu'il fixa sa demeure dans la ville de ce nom alors considérablement accrue. Il y fit construire un nouveau château, ou du moins ajouta beaucoup à l'ancien, et mourut en 1474. Il avait obtenu du roi Charles VII la confirmation de tous les priviléges accordés antérieurement à ses domaines (4). Constance de Peyrepertuse, devenue sa femme en 1450, lui avait donné plusieurs enfants, dont l'aîné fut son successeur. C'était Jean III de Bruyères qui marcha avec Louis XI contre Jean II, roi d'Aragon. Il figura comme tuteur de Maffré de Voisins-d'Ambres, dans un compromis passé le 24 octobre 1494. L'année suivante, et tandis que Charles VIII continuait la conquête du royaume de Naples, Ferdinand, roi d'Espagne, rompit la trève conclue, et ses troupes firent en Languedoc des courses désastreuses. Le duc de Bourbon, gouverneur de la province, s'empressa d'en convoquer le ban et l'arrière-ban, et la noblesse de la sénéchaussée de Carcassonne vint faire sa montre sous les murs de cette ville.

« Mais déjà le seigneur de Chalabre était à Saint-Paul, dans le pays de

(1) *Histoire générale du Languedoc*, 4e vol., p. 421.
(2) La Chesnaye des Bois. Archives du château de Chalabre. *Pièce orig.*
(3) Archives du château de Chalabre. *Pièce orig.*
(4) *Ibid.*

Fenouillèdes (1), » **pour y tenir tête aux partis espagnols, pendant que les
habitants de ses terres gardaient seuls le château de Chalabre.** A cause de
cette obligation, ils étaient exemptés, nous l'avons dit, de tout impôt envers
la couronne; leurs priviléges furent renouvelés en 1511 et 1515, et nous ne
mentionnerons plus les nombreuses confirmations qu'ils obtinrent encore
de nos rois, soit sur la demande de leurs seigneurs, soit sur la supplique
de leurs consuls... Jean III de Bruyères mourut vers 1515; Cécile de
Voisins-d'Ambres, qu'il avait épousée en 1489, l'avait rendu père de
François. Celui-ci avait pris pour femme Françoise de Châteauneuf (1510);
il reçut le serment de fidélité de ses vassaux l'année 1519, servit quelque
temps sous le règne du roi-chevalier, et mourut laissant pour héritier un fils
appelé comme lui François. L'an 1529, à cause de son titre de seigneur
de Chalabre, François Ier de Bruyères avait été porté sur le rôle du ban
et de l'arrière-ban de la sénéchaussée de Carcassonne, comme devant fournir *« un homme d'armes* et *deux archiers. »*

François II de Bruyères, baron de Chalabre, de Rivel, de Sonac, etc.,
chevalier, capitaine de cent chevau-légers, épousa, le 6 octobre 1539,
Anne de Joyeuse, fille de Jean, vicomte de Joyeuse, baron de Grandpré,
en Champagne, de Puivert, d'Arques et autres lieux, et de Françoise de
Voisins. Les conventions de ce mariage, ainsi que l'acte, avaient été pas-
sées le 3 du même mois, au château de Couïza appartenant à Jean de
Joyeuse. Bruyères mourut le 15 mars 1551, laissant plusieurs enfants qui
furent appelés à recueillir l'héritage de leur aïeul maternel. En voici la
raison : « Jean de Joyeuse, étant tombé malade à Narbonne dont il était
gouverneur, y fit le 3 février 1555, son dernier testament, par lequel il
instituait, au préjudice de son fils aîné Guillaume, son second fils Jean-
Paul, pour son héritier universel. Il agissait ainsi dans le but de perpétuer
son nom, car Guillaume, étant évêque d'Alet, ne devait naturellement
pas continuer sa lignée. Mais le testateur, en prévision que Jean-Paul
n'aurait point de postérité, stipula dans le même acte que ses biens appar-
tiendraient au premier enfant mâle qui naîtrait de l'une de ses filles, en lui
imposant l'obligation de porter le nom et de prendre les armes des Joyeuse.
A défaut de ce premier enfant mâle, les autres devaient lui être substitués,

(1) *Histoire générale du Languedoc,* 5e vol., p. 86.

en observant toujours l'ordre de primogéniture, et défendant par exprès qu'aucune de ses filles ou petites-filles fussent jamais appelées à la substitution de son héritage... Attendu que son fils Jean-Paul était encore en bas âge, il lui laissa comme tuteur de sa personne, et administrateur de ses biens, son frère aîné Guillaume, évêque d'Alet, jusqu'à sa majorité, ajoutant que si ledit Jean-Paul venait à mourir pendant sa minorité ou sans enfants, la jouissance de tous ses biens reviendrait à Guillaume, sa vie durant, mais pour être rendus à sa mort au premier né de ses filles (1). »

Or, Jean-Paul de Joyeuse mourut étant encore mineur; dès-lors, le fils de François II de Bruyères et d'Anne de Joyeuse, aussi appelé Jean-Paul, devint de droit l'héritier légitime de son grand-père, mais seulement après la mort de son oncle Guillaume, à qui était réservée la jouissance de cette succession.

C'était une magnifique perspective ouverte à la maison de Bruyères-Chalabre, que celle de recouvrer son ancien domaine de Puivert et d'y joindre ceux des Voisins d'Arques et des Joyeuse. Mais ce ne devait être qu'un rêve!

Guillaume, méconnaissant la volonté paternelle, ou croyant l'interpréter d'une manière conforme à l'intention de son père de perpétuer sa race, abandonna son siége après vingt-trois ans d'épiscopat, épousa Marie de Batarnay, et ne pouvant se contenter de l'usufruit auquel il avait droit, agit en possesseur définitif des biens dont il avait seulement la garde. Nous savons déjà que les habitants de Puivert n'hésitèrent pas à le reconnaître pour leur seigneur légitime, et l'histoire nous apprend la part qu'il prit aux guerres du xvıᵉ siècle, comme maréchal de France. Il semblerait que les enfants de François II de Bruyères ne surent pas reconnaître le fait d'une spoliation dans la conduite de leur oncle, leur tuteur, mais bien plutôt l'exercice de ses droits comme usufruitier, et sans doute Guillaume les entretenait-il dans cette croyance, car nous voyons les deux familles de Bruyères et de Joyeuse se maintenir étroitement unies. Ainsi, Jean-Paul de Bruyères, le légitime héritier de Jean de Joyeuse, voulut combattre sous les ordres de son oncle Guillaume, et de son cousin le fameux Anne de Joyeuse; avec eux, il marcha contre les religionnaires en 1573; en 1580, il se défendit dans l'église de Coursan contre cinq cents soldats du

(1) Archives du château de Chalabre. *Note, pièces diverses.* La Chesnaye des Bois.

duc de Montmorency, n'ayant avec lui que trente hommes du parti de
Joyeuse. Bientôt après, il reçut de son cousin Anne l'ordre de faire exé-
cuter dans la province les édits du roi, et se fit accuser d'avoir ordonné
le massacre des religionnaires d'Alet, réintégrés dans leurs foyers par
Montmorency. Le roi lui donna le commandement d'une compagnie de
cent chevau-légers, appelée la compagnie de Chalabre, à la tête de laquelle
il servit dans l'armée des Joyeuse. Peut-être avait-il traité avec ceux-ci
d'un arrangement au sujet de ses légitimes prétentions à l'héritage de
Jean; nous ne saurions expliquer pourquoi, le 29 octobre 1586, François III
de Bruyères, frère de Jean-Paul, vendit à son oncle Guillaume : « la baronnie, terre et seigneurie de Chalabre et Rivel, avec ses dépendances et
appartenances, pour la somme de cent mille écus (1). » Mais si les Bruyères avaient pu croire que les biens des Joyeuse leur seraient rendus à la
mort de Guillaume, ils furent bientôt détrompés. L'ancien évêque d'Alet
mourut en l'année 1592, dans son château de Couïza, laissant son héritage à ses propres enfants et à sa veuve. « Ce fut elle qui vendit, en 1593,
la terre et la forêt de Rivel, pour la somme de treize mille écus, avec
réserve de rachat, à Jean de Pressoires, seigneur de Tournebouys, qui
déjà avait acquis la baronnie de Puivert et affermé celle de Chalabre. » Des
enfants de Guillaume, un seul continua la lignée, mais par les femmes seulement : ce fut Henri de Joyeuse, aussi appelé le comte ou le maréchal
du Bouchage. Il avait épousé Catherine de Nogaret, qui ne lui donna
qu'une fille, Henriette de Joyeuse. Celle-ci épousa en premières noces
Louis de Bourbon, duc de Montpensier, et en second lieu, Charles de
Lorraine, duc de Guise. Du premier mariage était issue Marie de Bourbon,
duchesse de Montpensier, qui épousa Gaston de France, duc d'Orléans.
Leur unique rejeton fut Mlle Anne-Marie-Louise d'Orléans, souveraine de
Dombes, duchesse de Montpensier, de Châtellerault et de Saint-Fargeau,
comtesse d'Eu, laquelle, par son testament du 27 février 1685, institua
pour son légataire universel son cousin germain Philippe, fils de France,
duc d'Orléans, de Valois, de Chartres et de Nemours, seul frère du roi.

Ces diverses alliances firent passer à un prince de la maison de France,
l'héritage de la maison de Joyeuse, qui appartenait de droit à celle de
Bruyère-Chalabre (2). Mais revenons à celle-ci.

(1) Archives du château de Chalabre. *Notes.*
(2) Archives du château de Chalabre. *Notes, pièces diverses.*

François II de Bruyères avait laissé trois enfants mâles : Jean-Paul, François et Jean-Antoine. Nous avons fait connaître les droits de l'aîné à l'héritage de son grand-père maternel, et sa participation aux guerres de la ligue. Il portait le titre de chevalier de l'ordre du roi, de capitaine de cent chevau-légers et de sénéchal du Lauragais. En 1573, il avait épousé Louise de Lévis-Mirepoix, dont il n'eut point d'enfants. François III, son frère, devint après lui chef de la maison de Bruyères, lui succéda dans ses titres et qualités, et comme lui joua un rôle dans les luttes civiles de l'époque ; il commanda un petit corps d'armée sous les ordres du maréchal de Damville. Devenu veuf de Philippine de Lordat, qui ne lui avait pas donné d'héritiers, il épousa Isabeau-Barthélemie de Grammont, dont il eut deux fils et trois filles, et mourut en 1595, laissant la tutelle de ses enfants à son frère Jean-Antoine, abbé de Villeloing et de Fontaines-les-Blanches, prévôt de l'église de Toulouse, et député par le clergé de cette ville aux états généraux de 1594. L'abbé de Villeloing avait conservé des relations amicales avec les Joyeuse, car il fut chargé de négocier la paix avec eux, et fut compris dans les articles secrets du traité de Folembrai, pour une somme de cinquante mille écus. Il paraît que ses liaisons avec les spoliateurs de ses pupilles furent nuisibles aux intérêts de ceux-ci, et que pour se conserver le puissant appui de son cousin le cardinal de Joyeuse, il négligea de défendre leurs droits... A la fin du XVIᵉ siècle, les Bruyères ne possédèrent donc plus aucune des terres que leur ancêtre Pons avait obtenues en Languedoc; toutefois Chalabre leur fut rendu en 1602, parce qu'à l'époque où François III avait cédé ce domaine à Guillaume de Joyeuse, le cinquième seulement du prix convenu leur en avait été payé; les Bruyères purent dès-lors le reprendre, en remboursant la somme reçue. Pour la compléter, ils furent obligés de donner au cardinal de Joyeuse, le prix de la vente de la terre de Laffitte qu'ils avaient autrefois acquise dans le Lauragais; mais ils durent en même temps renoncer à recouvrer leur domaine de Rivel, parce que les Joyeuse avaient laissé expirer le terme du rachat, convenu avec le seigneur de Tournebouys.

Jean-Antoine de Bruyères releva sa maison au moyen de l'héritage de son oncle, l'abbé de Villeloing, et de ses mariages avec Paule d'Orbessan et Béatrix de Potier de la Terrasse. En 1613, il fut nommé gouverneur du pays de Sault, et joignit aux titres acquis à sa famille, celui de colonel d'infanterie. Il fonda à Chalabre un couvent de capucins (1630), et testa le 4 mai 1632. Ses unions l'avaient rendu père de deux filles et de deux garçons, Jean-Pierre et Aymeric. Celui-ci passa en Lorraine, sous le nom de Bruyères-Sonac, fut colonel de cavalerie et chambellan du duc, dont il épousa une fille naturelle; mais sa branche s'éteignit par la mort de ses deux enfants.

Jean-Pierre de Bruyères, baron de Chalabre, gentilhomme de la chambre du roi, colonel du régiment de Languedoc, puis d'un régiment de son nom, et gouverneur du pays de Sault, épousa le 11 avril 1631, Gabrielle de Lévis-Léran, dont il eut Jean-Aymeric, trois autres fils et deux filles. Le premier hérita de ses biens et de ses titres, et devint capitaine, puis colonel du régiment de Léran. Il recommença la lutte de sa maison contre les successeurs des Joyeuse, en vue de recouvrer l'héritage de cette famille, donné, comme on l'a déjà vu, à Philippe d'Orléans, par le testament de Mlle de Montpensier, en l'année 1685. Il avait espéré qu'un prince de la famille royale se montrerait moins intéressé et plus juste que les précédents détenteurs des biens dont son aïeul avait été frustré... Des consultations prises en Sorbonne donnèrent droit à ses prétentions, mais en ajoutant que les poursuites pour le recouvrement de l'héritage des Joyeuse, ayant été discontinuées depuis cinquante-quatre ans environ, la prescription pouvait être *juridiquement* invoquée par les adversaires.....

« Enfin, le 30 mai 1695, Jean-Eymeric de Bruyères passa avec Monsieur, frère du roi Louis XIV, par-devant Bellanger et son confrère, notaires du Châtelet à Paris, une transaction portant : qu'à titre d'héritier de Mlle de Montpensier, sa cousine germaine, possédant les biens des maisons de Joyeuse et de Guise, auxquelles celle de Bruyère-Chalabre était substituée, le prince lui assignait la somme annuelle de 1,500 livres de rente, à prendre et percevoir sur les recettes de Rouen et de Caen, et promettait de fournir, à lui ou aux siens, les pièces nécessaires pour poursuivre la substitution de la vicomté de Joyeuse (1). »

Dans cet acte, Jean-Aymeric, qualifié de marquis de Chalabre, est nommé de Bruyères-Joyeuse... Ce fut ainsi que, pour une modique somme, il fut obligé de renoncer à un héritage estimé par lui à 300,000 livres,

_____

(1) La Chesnaye des Bois. Archives du château de Chalabre.

sans y comprendre la vicomté de Joyeuse que sa postérité ne devait jamais recouvrer. En 1661, il avait épousé Anne de Raymond-Lasbordes, dont il eut cinq enfants. L'aîné, François IV de Bruyères, fut baron de Chalabre, de Rivel, de Sonac, gouverneur du pays de Sault, commanda un bataillon d'infanterie du roi, sous les ordres de son parent Jules de Noailles, maréchal de France, vice-roi de Catalogne, et prit part à l'attaque de Thuir (1694). Il se maria, en 1698, avec Catherine de Caillau de la Graulet, dame des Allemants, dont il eut quatre fils et deux filles. Ce fut sans résultat qu'il tenta de recouvrer le domaine de Rivel, vendu au préjudice de sa maison, par Guillaume de Joyeuse. Son fils aîné, Jean-Aymeric II, appelé le comte de Bruyères, épousa, en 1724, Marie de Saint-Etienne de Caraman, dame et baronne de la Pomarède, qui le rendit père de sept garçons, dont l'aîné lui succéda. Des six autres, deux furent évêques, l'un de Saint-Pons, l'autre de Saint-Omer; trois servirent dans les armées de terre, un quatrième dans la marine, où il devint vice-amiral et grand cordon de Saint-Louis, à l'âge de vingt-quatre ans. C'était là une florissante famille, et ces nombreux rejetons de la maison de Bruyères semblaient en assurer pour longtemps la continuation; mais tous moururent sans postérité, à l'exception de l'aîné. Celui-ci, François-Jean, marquis de Chalabre, baron de la Pomarède, seigneur de Sonac, de Monthel, de Montjardin, de Cantarate, de Labastide de Beaumont, gouverneur et capitaine né, aide-de-camp du maréchal duc de Richelieu, épousa le 24 novembre 1760, Louise-Françoise de Bon, fille de Louis-Guillaume de Bon, premier président au conseil souverain de Perpignan, intendant du Roussillon et du comté de Foix, et d'Elisabeth-Jeanne-Thérèse de Bernage.

De ce mariage naquirent : Jeanne-Elisabeth-Fortunée (29 août 1761), donnée en mariage au marquis d'Aguilar; et Jean-Louis-Félicité (28 octobre 1762), comte de Bruyères-Chalabre. Il dut voir la reconstruction du château de ce nom, entreprise par ses oncles, et prit pour femme la fille du fermier général d'Erigny, de laquelle il n'eut qu'un fils, mort célibataire en 1832. Devenu veuf avant la révolution de 1789, le comte de Bruyères émigra en Angleterre, où il épousa, en secondes noces, Mme de Fleuriau, née de Laval, qui lui donna une fille unique, appelée Henriette-Natalie de Bruyères, mariée en 1817 au comte Mathieu-Antoine de Mauléon-Narbonne, ancien seigneur de Nébias, de la Serpent, etc.

Ainsi, la dernière des Bruyères-Chalabre et des Bruyères-le-Châtel, barons de Puivert, a apporté les débris de leurs biens à cette lignée de Mauléon, dont une fille, trois siècles et demi auparavant, était devenue l'une de ses aïeules, et qui par une alliance avec une Narbonne, à la seule condition de joindre ce nom au sien, avait jadis reçu en propriété une partie des domaines du lieutenant de Simon de Montfort.

De cette union sont issus quatre filles et un garçon :

Mlle Félicie de Mauléon, donnée en mariage, en 1841, à M. le comte Louis d'Auberjon;

Mlle Elisabeth, en 1840, à M. Fortuné-Gabriel, marquis de Puivert;

Mlle Anna, en 1842, à M. le comte Alphonse de Mauléon;

Mlle Emilie, en 1855, à M. Philippe de Chastenet, comte de Puysségur ;

M. Henri-Alfred de Mauléon, qui a épousé, en 1849, Mlle Joséphine-Louise-Octavie-Mieulet de la Rivière. Il possède aujourd'hui le château de Chalabre et quelques restes de cette ancienne baronnie.

Ayant voulu retracer uniquement l'histoire des manoirs et des familles, nous avons dû négliger celle des populations de la *terre privilégiée*. Nous dirons brièvement que du moment où l'autorité seigneuriale n'y fut plus absolue, les intérêts généraux de ce petit pays furent réglés en commun par les consuls de Puivert, de Rivel et de Chalabre, et que jusqu'à la révolution ses habitants ont joui de toutes leurs anciennes immunités, sous les mêmes obligations de garde aux châteaux de Puivert, Chalabre et Nébias, de résidence sur le territoire de ces baronnies, de perte de leurs biens s'ils le quittaient sans la permission des seigneurs, etc.; la *terre privilégiée* devint, après 1789, un canton, ayant Chalabre pour chef-lieu.

Vicomte GUSTAVE DE JUILLAC.

De nouveaux documents découverts après l'impression de cette notice, nous permettent d'en compléter ou d'en rectifier certains passages... Ils sont tous empruntés aux livres des *Dénombrements de la Sénéchaussée de Carcassonne*. (Archives du château de Léran, fragments de copies anciennes.)

1371. Noble Thomas de Bruyères déclare tenir du roy suivant les coutumes de la vicomté de Paris, avec toute juridiction, premier ressort, etc..., le chasteau et ville de Puibert, les villes de Nebias, Saint-Jean de Paracol et Villefort, avec tous les hommes et sujets questables et tailhables de haut et bas de la volonté dudit recognnaissant, etc. *Item*, les fiefs nobles de Fontrouge, de Comelombe, etc... Les trois parts du fief de Malras...

(Un document nous avait fait supposer par erreur que Thomas II était mort en 1368.)

1371. Noble Philippe de Bruyères (frère du précédent) déclare tenir, etc..., la ville de Rivel, le chasteau et ville de Chalabre, les villes de Sonac, Montjardin, la Bastide, Montbel, Puech et Sainte-Colombe. — La forest de la Montaigne, des rentes à Quillan et la quatrième part du fief de Malras...

1389. Noble Bertrand (Gaston) de Laprade dénombre le tiers du chasteau de Puechuert et le tiers de l'hommage de Malras.

1389. Noble Amalric de Narbonne, etc., etc., tient du roy, au nom de demoiselle Aygline de Bordis, sa femme, le lieu de Nevias et le tiers du fort de Puechuert avec cinq tours...

(Nous avions ignoré que les Narbonne eussent eu des droits sur ce château; ils les avaient acquis par les femmes, l'une des quatre sœurs de Bruyères ayant été mariée à un de Bordis.)

1398. Elix de Bruyères, femme de noble Guiraud de Voisins, fait serment pour la moitié du chasteau et lieu de Puivert avec toute justice, etc., à lui survenu par le décès de noble Bertrand de Laparade (en vertu de quelque arrangement particulier.)

1411. Noble Aymeric de Narbonne recognnait le lieu et seigneurie de Nevias et la tierce partie du fort et chasteau de Puechuert avec cinq tours...

1415 (août). Demoiselle Elix de Bruyères, veufve de noble Guiraud de Voisins, preste serment de fidélité pour le lieu de Villefort...

1415 (août). Noble Thomas de Voisins, comme donataire de sa mère, Elix de Bruyères, etc..., pour la moitié de la place et seigneurie de Puechuert.

(Il est passé outre à l'opposition de Philippe de Voisins, son frère.)

1415 (août). Demoiselle Jeanne de Voisins, sœur des précédents, femme de noble Bernard Roger, seigneur de Mirepoix, etc., comme donatairesse de l'autre moitié de la susdite place et seigneurie.

(Même opposition de la part de Philippe de Voisins.)

Un généalogiste n'a donné qu'un garçon et deux filles à Guiraud de Voisins, son erreur ressort clairement de ces hommages. La donation faite par Elix de Bruyères à ses enfants, à l'exclusion de Philippe, et l'opposition apportée par celui-ci, devait amener entre lui et sa mère le long procès dont nous avons parlé déjà.

1424. Noble Jean de Bruyères, fils et héritier de Philippe, fait serment pour les baronnies de Chalabre, Rivel et dépendances.

1453 (août). Noble Jean de Voisins, fils et héritier de noble Philippe de Voisins, fait serment pour les baronnies, etc., etc., et de Puechuert.

1454 (janvier). Noble Rogier Antoine de Bruyères fait serment pour la baronnie de Chalabre, de laquelle dépendent les lieux de Rivel, Sainte-Colombe, Sonac, Luxaut, Montjardin.

1480. Jean de Voisins, seigneur d'Arques, dénombre, etc., etc., Puechuert, Villefort, Malras.

1503. Jean de Bruyères dénombre la ville et château de Chalabre, *où il y a de beaux et grands priviléges*, les lieux de Montjardin, le Claus, le Vilar, Cuguillère, Sonac, la Bastide de Beaumont, Rivel, la Calmète, la Luxière, Pech, Ouyac, partie du fief de Malras.

Antoine de Narbonne, le lieu de Nebias.

Jean de Voisins, le château et baronnie d'Arques, etc., etc., la baronnie de Puivert et le lieu de Villefort.

Jean de Lévis, Mirepoix, etc., etc., la place forte, ville et village de Puivert et le village de Villefort et Saint-Jean de Paracol, dépendant de Puivert...

(Les Lévis avaient acquis par adjudication ces propriétés que les Voisins n'avaient pas renoncé à recouvrer, et au sujet desquelles un procès était pendant entre les deux familles; on a vu que les Voisins rentrèrent en possession du château et de la baronnie de Puivert).

ERRATA.

Page 2, ligne 23, au lieu de : *Chercord*, lisez *Chercorb*.
Page 21, ligne 25, au lieu de : *alla*, lisez *aller*.
Page 37, ligne 10, au lieu de : *à la suite de*, lisez *longtemps après*.

ARCHÉOLOGIE.

LE CHATEAU DE PUIVERT.

L'ancien manoir des Bruyères s'élève à l'extrémité de la croupe d'une petite montagne parsemée de maigres touffes de buis, mais autrefois couverte de chênes. A le voir du côté nord, ses tours et ses remparts noircis, son donjon massif se profilent avec une certaine grandeur de lignes au pied de sommets couronnés de sombres sapins, au milieu d'un paysage sévère, en harmonie avec l'ensemble du monument : son aspect réveille soudainement l'idée de forteresse féodale (*Planche* 1).

Il est bâti sur un plan dont le contour affecte la forme d'un rectangle accolé, par un de ses petits côtés, à un polygone d'abord rectangulaire, ensuite irrégulier (*pl.* 2). La disposition du terrain lui a fait nécessairement donner une *orientation* à peu près exacte, c'est-à-dire que son grand axe s'étend de l'est à l'ouest. Si l'on marche dans cette direction vers l'édifice, on a devant soi la façade où se trouve l'entrée principale (*pl.* 3). Cette partie étant la plus accessible, est aussi la plus fortifiée et forme la tête des travaux de défense. Elle se compose d'un rempart flanqué d'une tour ronde à chaque extrémité (les tours des *Quayres*, *pl.* 2, n°s 3 et 4); dans le milieu s'encastre une tour carrée (la porte de *l'Yere*, *pl.* 2, n° 2), dont le rez-de-chaussée est un passage servant de grande porte au château. Ces tours, en saillie sur le mur, le défendaient par des meurtrières qui le prenaient en écharpe; elles protégeaient également les autres directions : l'une des trois, celle de gauche, s'est écroulée il y a une quinzaine d'années, entraînant dans sa chute une partie du rempart, lui aussi garni de meurtrières. Le sol n'ayant pas de ce côté l'escarpement qu'il présente aux autres abords, l'approche de ces murs a été rendue moins facile par un fossé sec, ou plutôt par une coupure faite dans le rocher, et sur laquelle actuellement un pont de pierre remplace l'ancien pont-levis (n° 1).

Avant de visiter l'enceinte du château, jetons les yeux sur l'écusson sculpté au-dessus de l'entrée (*pl.* 3). Sous le ciseau du tailleur *d'imayges*, le symbole de la valeur guerrière a pris là une forme des plus naïves, mais héraldiquement significative : c'est bien le *lion à la queue fourchue et nouée* qu'avaient adopté les premiers barons de Puivert. Une particularité donne un nouvel intérêt à ce document de pierre; le champ figure un bouclier que soutient sa courroie : dans quelques circonstances, on le sait, les seigneurs suspendirent d'abord un véritable écu armorié au-dessus de la porte de leur château; plus tard, ils le remplacèrent d'une manière permanente par une représentation sculptée qui s'éloigna beaucoup du modèle primitif, ici fidèlement copié.

Le fossé franchi, on se trouve au pied de la tour carrée, devant la porte proprement dite que fermaient jadis outre le pont-levis, une herse et des battants de chêne aux pesantes ferrures; la coulisse de la herse est intacte; trois arcs inégaux en ogive et sans ornements forment la voussure de la baie. Le rez-de-chaussée de la tour, faisant suite à cette entrée, est voûté en berceau ogival et débouche sur la place d'armes, le préau (*pl.* 2, *n°* 20).

A droite s'étend un rempart flanqué d'une tour (la tour *Bossue*, *pl.* 2, *n°* 6), et formant avec la façade un angle droit dont la tour de *Quayre* occupe le sommet. A gauche, le mur d'enceinte présente une disposition analogue; mais il a une tour carrée (tour *Gualharde*, *n°* 5), en face de la tour *Bossue*, et va s'appuyer à la tour *Vert* (*n°* 7).

Devant soi, au fond du préau, on voit se dresser le donjon (*n°* 14), auquel s'adossent deux murailles rejoignant, l'une, le rempart de droite (*n°* 10), l'autre la tour *Vert*, et qui toutes deux sont percées d'une porte.

Après ce premier coup-d'œil jeté sur l'ensemble, les détails suivants s'offrent au visiteur... A droite, l'angle des murs renferme un passage étroit et sombre : c'est l'entrée de la tour de *Quayre*. On aperçoit à l'intérieur de celle-ci, des cavités où s'encastraient des poutrelles qui la divisaient en trois étages prenant jour par les meurtrières.

La tour *Bossue*, pareille au-dedans, diffère extérieurement de la précédente : son revêtement est formé de pierres en bossage simple; entre les deux, le rempart est muni de huit meurtrières; il en a sept de la tour *Bossue* à l'angle opposé. Elles sont toutes semblables à celles de la façade; très-rapprochées du sol, elles vont en se rétrécissant et s'inclinant vers le dehors; deux consoles en encorbellement portent la partie supérieure de leurs embrasures. A deux mètres au-dessus règne une série de vingt-sept corbeaux, saillants de trente centimètres, et placés sur une ligne horizontale, vingt-trois d'une tour à l'autre, quatre leur faisant suite après la tour *Bossue*. Comme pour donner accès sur une galerie qu'ils auraient soutenue, s'ouvre à leur niveau, dans chaque tour, une porte marquant l'étage intermédiaire entre le supérieur et le rez-de-chaussée. Il serait difficile de s'expliquer une telle disposition, sans admettre que ces pierres en saillie supportaient une sorte d'échafaudage, destiné à faciliter de ce côté, en cas d'attaque, le service du rempart. Dans les deux tours, une échelle permettait d'atteindre l'étage où se trouvaient ces portes et d'arriver sur la galerie... A quelques pas de la tour *Bossue*, près du donjon, une construction peu importante a dû être appliquée au mur d'enceinte; on le reconnaît à deux rangées de trous dont la destination évidente était de recevoir le bout des chevrons d'une toiture.

A gauche, la seconde tour de *Quayre* n'a plus que le talus de sa base; elle est démolie, ainsi que le rempart, jusques au niveau de la place d'armes... La tour *Gualharde*, qu'un lierre épais tapisse au nord, a perdu ses planchers; elle avait un étage souterrain par rapport à l'enceinte seulement; en haut, la voûte de la plate-forme se soutient encore... Plus loin, le mur, bien conservé, est sans meurtrières... La tour *Vert*, coupant l'angle qu'elle protège, déborde dans le préau, avec lequel toutefois elle ne présente aucune communication. A ses pieds, des ruines et une excavation indiquent la place du cellier et du grenier (*pl. 2, n° 16*); en regard, à la base du donjon, un autre creux et quelques pierres sont les vestiges de la citerne (*n° 15*).

Tout auprès existe le seul passage conduisant, de la place d'armes, dans la seconde partie de la forteresse : avant de le franchir qu'on se rende compte du parcours offert par la plate-forme des murs.

L'unique chemin en a toujours été un plan incliné en maçonnerie, jadis escalier peut-être, appuyé à la façade orientale du donjon, à gauche d'une issue qui s'ouvre sur le flanc de la montagne et que certains appellent la porte de Chalabre (*pl. 2, n°s 10 et 11*). Autrefois, après l'avoir gravi, on pouvait arriver, en traversant l'étage supérieur de chaque tour, jusqu'à la tour *Vert*, dont la maçonnerie pleine et sans traces de porte de ce côté,

7

interceptait le circuit des remparts... La destruction des planchers et l'énorme brèche ouverte au midi isolent aujourd'hui les unes des autres les courtines et les tours.

Si l'on ne craint pas de s'aider des interstices des moëllons, il est possible d'atteindre au premier étage de la porte de l'*Yere*. Il se réduit à une salle voûtée en ogive ; deux fenêtres trilobées, avec colonnettes et chapiteaux à feuillages, lui donnent jour, l'une au dehors, l'autre sur le préau ; devant l'embrasure de la première est l'ouverture verticale où passait la chaîne de la herse ; à côté, deux trous carrés, espacés de deux mètres à peu près, traversent le mur de façade, au ras du dallage : ils étaient nécessaires pour la manœuvre du pont-levis, conçue d'après un système rarement employé. La disposition de ces trous rendant impossible le jeu de bascule ordinairement en usage, les flèches du pont y glissaient horizontalement, et, l'entraînant au moyen des chaînes par un mouvement de recul obtenu à l'aide de leviers, le dressaient en avant de la herse... De cette salle, un escalier rond à noyau, que dissimule l'épaisseur de la construction, mène sur la plate-forme privée de ses créneaux.

La muraille septentrionale de la tour *Gualharde* est en retrait sur le rempart plus épais qui lui sert de base, de manière à laisser pour le service des créneaux et de la salle supérieure, un passage étroit qu'élargissait une corniche formant balcon. De cette hauteur partait l'escalier de la plate-forme, pratiqué, à l'angle, dans une tourelle hexagonale, ayant une entrée indépendante de celle de la tour. On en voit, avec étonnement, les restes comme suspendus en l'air et sans point d'appui.

La curiosité, éveillée par son extérieur, va chercher l'entrée du donjon hors de la place d'armes, dans l'enceinte qui lui fait suite.

Là, tout est ruines et monceaux de pierres ; à gauche, le rempart en s'écroulant a arraché comme un vaste lambeau de la tour *Vert* qu'une crevasse énorme ouvre de haut en bas ; au-delà, presque enfouie sous les décombres et les ronces, une porte de l'enceinte a conservé son ogive ; à l'angle extrême de leur irrégulier contour, l'escalier de cette partie des murs existe encore ; il ne mène plus qu'à un reste de créneau percé d'une meurtrière... La tour de la *Trésorerie* se dressait à côté ; un paysan l'a secrètement minée, parce qu'elle projetait son ombre sur quelques tiges de seigle : naguère elle s'est abattue, laissant une trouée dans le rempart dont les solides assises sont à peu près intactes jusqu'à la tour *Grant*, elle aussi debout. De ses flancs, pour compléter la clôture de la forteresse, un mur allait rejoindre l'angle opposé du donjon.

Dans l'espace compris entre ces tours et ces remparts, les ruines forment un chaos au milieu duquel on reconnaît, près de la tour de la *Trésorerie*, les restes d'un bâtiment allongé : c'étaient les écuries et leurs dépendances (*pl.* 2, *n*ᵒˢ 18, 19). S'appuyant à la tour *Grant*, une haute muraille formait avec elle, le donjon, le rempart et un autre mur parallèle à l'axe du plan, l'ensemble de *l'Ostel* (*n*ᵒ 17), seule partie du château spécialement consacrée à l'habitation, car les tours étroites et obscures de l'enceinte étaient plutôt édifiées en vue de la défense.

De cette construction, il ne reste guère que la partie souterraine, indiquée par des voûtes effondrées; au-dessus, quelques pans de murs s'élèvent du sein des ruines. D'après leur position, *l'Ostel*, adossé au donjon, le dépassait en largeur et renfermait quatre étages; il est impossible de déterminer ni la place des principales pièces, ni leur usage; des portes, des meurtrières et des fenêtres pratiquées à d'inégales hauteurs témoignent de l'irrégularité des divisions intérieures. La toiture, peu aiguë, avait deux versants inégaux, dont le plus petit faisait face à Chalabre; ainsi l'indiquent les arrachements pratiqués vers le haut du *Donjon* (*n*ᵒ 14).

Tel était ordinairement, au moyen-âge, le nom de la principale tour d'un château, de celle qui devait servir de refuge à la garnison, après que l'ennemi s'était rendu maître de toute l'enceinte. Cette destination était présente à la pensée de l'architecte lorsqu'il creusa, au cœur du rocher, les fondements du donjon de Puivert : elle est écrite dans l'ampleur des proportions, l'apparence de force et la sobriété d'ornements de sa masse. De rares fenêtres, ouvertes loin du sol, interrompent seules la monotonie de ses lignes, et la parent de leurs ogives mutilées. Le mur de l'aquilon en a quatre; à l'orient, une seule regarde l'entrée du château; le côté du midi en présente trois; le quatrième enfin surgit, au couchant, du milieu des décombres, tout sillonné d'arrachements, hérissé de pierres saillantes, restes de murs détruits, et troué à toutes les hauteurs de portes béantes qui laissent apercevoir, au sein de vagues ténèbres, les spirales des escaliers intérieurs, mais dont la plupart s'ouvrent sur le vide et que le pied de l'homme ne doit plus franchir.

L'un d'elles, haute et large, élevée de plusieurs mètres au-dessus du terrain, attire l'œil par deux sculptures entre lesquelles se ferme son ogive.

On y voit, à droite (*pl.* 6, *n^{os}* 1 *et* 2), un demi-buste d'homme en cotte de mailles et casqué, se détacher au milieu de trois écussons, deux sur les côtés mêmes de la saillie de la tête, un plus grand au-dessous; sur les trois, la forme fantastique du lion des Bruyères ressort en relief... A gauche, une figure de femme écartant son voile et tenant un faucon sur le poing, surmonte d'autres armoiries dont les besans, accolés à ce même lion, disent assez que le sculpteur a voulu représenter par ces deux personnages Isabelle de Melun et son époux Thomas Ier de Bruyères, le reconstructeur du château... Leurs images, scellées à cette place il y a cinq siècles, sont encore là, intactes, comme contemplant les ruines de leur antique demeure, et nous parlant, avec une muette éloquence, des poétiques usages d'un autre siècle.

Par une précaution peu usitée, les issues du donjon ne communiquaient qu'avec les caves ou les étages supérieurs de l'*Ostel;* elles sont maintenant inaccessibles, hormis une entrée souterraine, cachée à l'angle gauche sous les pierres branlantes d'une voûte, et une seconde au premier étage jusques à laquelle l'amoncellement des démolitions permet de gravir... La première précède un escalier (*pl.* 2, plan du donjon), qui tourne dans le massif des fondations, et s'enfonce au sein de la montagne, on ne sait à quelle profondeur, les décombres l'obstruant d'une manière complète au niveau d'une salle obscure et nue, une prison sans doute, dont l'étroit soupirail s'entrouvre aux pâles reflets du nord.

A la suite de la seconde porte, le mur renferme un nouvel escalier et un passage (*pl.* 2 et 5, plan); l'un conduit à la salle du premier étage, l'autre se terminant après quelques marches, a sa base au rez-de-chaussée... Là, sous une voûte à plein cintre, entre des murailles épaisses de plus de trois mètres, veillaient jadis les hommes d'armes du baron... L'imagination aime à se les représenter, couverts de leurs armures de fer, l'arbalète ou la pertuisane à la main, assis immobiles sur ces sièges ou sur ces degrés maçonnés dans l'embrasure des deux fenêtres pour atteindre aux accoudoirs et dominer le pied du donjon au nord ou au midi.

Tout autre paraît avoir été l'usage de la pièce au-dessus, dans laquelle s'ouvre l'entrée ornée des effigies d'Isabelle et de Thomas de Bruyères. Sa voûte élevée aux nervures nombreuses, ses grandes fenêtres semblent annoncer une chapelle, et l'examen des détails ne détruit pas cette première impression (*pl.* 5). A la clef de voûte (*pl.* 6, *n*° 3), n'est-ce pas Dieu le père couronnant la Vierge que représente cette figure tenant une boule surmontée d'une croix, posant une couronne sur la tête d'une femme aux mains jointes? Et sur le côté, ce saint Michel terrassant le dragon (*n*° 4) ; ailleurs, supportant les retombées des nervures, cet ange qui paraît entraîner au ciel une femme (*n*° 5), ce moine (*n*° 6), ces personnages aux longs cheveux et à la longue barbe, vêtus de robes et tenant des banderolles autrefois chargées d'inscriptions (*n*°ˢ 7, 8 et 9), n'ont-ils pas une signification toute religieuse, comme les figures de ces trois consoles isolées? (*n*°ˢ 10, 11 et 12).

Mais est-ce bien au service du culte qu'a pu servir cette sorte de niche aux fines moulures, aux sveltes colonnettes, dont une tête ailée à la bouche béante, et des rigoles creusées au-dessous faisaient évidemment une fontaine (*pl.* 7)? L'imagination doit-elle agenouiller sur les dalles le châtelain entouré de sa famille et de ses fidèles, ou faire asseoir à un banquet d'apparat, devant ces embrasures aux bancs de pierre, au riche fenestrage mutilé, de nobles dames parées de vêtements armoriés et des chevaliers vêtus d'acier ou de velours?... Le manque de documents assez précis la laissent libre de choisir la forme de son rêve... La voûte de cette pièce présente une étrange irrégularité dans la disposition de ses nervures (*pl.* 5, plan); à l'ouverture du nord existent des traces de meneaux...

La salle haute (*pl.* 8) ressemble à la précédente, mais ses fenêtres, au nombre de trois, sont moins grandes et seulement trilobées; des siéges sont ménagés dans leurs embrasures; à la voûte se répète l'écusson des Bruyères, parti de Melun (*pl.* 9, *n*° 1); des nervures la divisent avec une gracieuse régularité et s'appuient sur des corbeaux ornementés... Ce ne sont plus des anges et de saints personnages qu'ils représentent, mais des musiciens en costume du moyen-âge. Ces sculptures suffiraient seules à donner un certain intérêt au château de Puivert, car elles sont un des rares monuments où l'on retrouve les instruments d'harmonie en usage au quatorzième siècle... Il nous est difficile de dire si le premier de ces symphonistes (*pl.* 9, *n*° 2) tient une *rote* à cordes pincées ou une sorte de *saltère*; les autres semblent accompagner des chansons guerrières, des lais d'amour ou des sirventes moqueuses sur le luth (*n*° 3), la guiterne (guitare *n*° 4), la gigue (*n*° 5), le tambourin (*n*° 6), la *viele* ou viole (*n*° 8) et la harpe (*n*° 9);

sous le feuillage, un berger entonne une cantilène rustique, tandis qu'expirent les derniers sons de sa cornemuse (*n°* 7).

Isolé sur un rocher aride, derrière ses tours et ses créneaux multipliés, ne voyant le ciel et la verdure qu'à travers des meurtrières ou des grilles épaisses, le baron de Puivert n'oubliait-il pas quelquefois l'ombre et la tristesse de ces murs, devant la fête continuelle que semblaient lui donner ces musiciens de pierre?...

La voûte de cette salle supporte la plate-forme du donjon, d'où l'œil embrasse d'assez vastes lointains... Au pied même des remparts se groupent quelques chétives maisons, restes de l'ancienne *ville* de Puivert; sur la déclivité du sol, de vieilles murailles marquent la place de fortifications avancées et d'une chapelle; plus bas, sur les rives du Blau, s'étend le nouveau village... A l'horizon, par-dessus les hauteurs, surgissent de grandes ruines : ce sont les châteaux de Montségur, de Villefort, de Lagarde et d'autres encore; à l'orient apparaissent les contours superbes et la cime nue du pic de Bugarach; à l'opposite brillent les neiges éternelles du Tabe; les forêts de Puivert et de Bélesta drapent de leurs noirs sapins les pentes du midi, et vers le nord s'abaissent graduellement les ondulations du terrain... De ce lieu, le seigneur devait contempler avec un secret orgueil ces champs, ces bois et ces villages qui lui appartenaient tous. O retours étranges de la destinée!... A cette place de laquelle les Bruyères, les Voisins, les Lévis, les Joyeuse, les chefs redoutés des plus puissantes familles du pays cherchaient en vain à mesurer du regard l'étendue de leurs domaines, nous avons vu de pauvres ménétriers jeter au vent les notes allègres de leurs naïves mélodies, tandis que les villageois dansaient gaiement dans ce préau, à l'ombre de ces murs que, laboureurs et soldats tour à tour, leurs pères gardèrent avec crainte...

S'aidant de ces débris, de l'étude des chartes et du témoignage des vieillards, que la pensée reconstruise, pour un instant, cette féodale demeure dont elle vient de parcourir les ruines;... devant elle se dressera une évocation du passé, étrange, complète, et faisant éprouver le saisissement de la réalité.

Après avoir rendu son pont-levis et sa herse à cette entrée, leurs battants formés de madriers à ces portes, à ces tours rondes leur toit conique d'ardoise; aux autres, comme aux remparts, leurs créneaux à meurtrières, elle reconstruira ces murs renversés, creusera des souter-

rains à leur base, et les couronnant de toitures pesantes, les distribuant
en étages irréguliers, les percera de portes et de fenêtres basses et étroites
ou plus grandes, les unes en ogive ou à plein cintre, d'autres à plate-
bande ou en arc surbaissé, sans ornements pour la plupart, plusieurs avec
de capricieux fenestrages ou de profondes voussures ciselées. Qu'elle ferme
ensuite de vitraux blasonnés ces grandes baies du donjon, ouvertes à tous
les vents, et les principales de l'*Ostel*, se contentant pour les autres de
simples lames de corne ; qu'elle couvre de tapisseries de laine ou de cuir
gaufré la nudité des murailles, et peigne des plus vives couleurs ces figures, ces armoiries et ces voûtes de pierre ; qu'elle brunisse le chêne des
solives et des poutres énormes, le buis ou le noyer des tables et des
bahuts chargés d'aiguières, de nefs et de hanaps d'argent ou d'étain ;
enfin, qu'elle étende, au fond de coffres sculptés, les armures d'acier et
les cottes de maille, ou les suspende aux murs à côté d'une quenouille
dorée, au-dessus d'escabeaux massifs et de hautes chaises à dais lourdes de
ciselures et de blasons, il ne lui restera plus alors qu'à faire circuler le
mouvement et la vie dans cette demeure en la peuplant d'hôtes en harmonie
avec un tel ensemble.

Est-ce les filles de Thomas de Bruyères que cette imagination, éprise
des antiques mœurs, veut se représenter au sein d'une vaste salle, faisant
courir l'aiguille sur une éclatante broderie ou tourner le fuseau chargé de
laine, inattentives aux récits de la vieille nourrice ou s'attendrissant à
ceux d'un ménestrel, pendant qu'au dehors la neige enveloppe tout de ses
tourbillons redoutables (1), que leur père et leurs fiancés peut-être pour-
suivent l'ours au fond des forêts, et qu'au dedans les escaliers sonores
s'emplissent des plaintes de l'aquilon, des sons lointains des trompes de
chasse et du cliquetis des armes des *Guaytteurs ?*

Choisit-elle, pour vivifier la morne forteresse, ce moment où plusieurs
maîtres se l'étaient partagée, où Guiraud de Voisins en possédait le donjon,
Amalric de Narbonne le préau avec ses cinq tours, et Gaston de Laparade
l'autre partie ; où les vassaux de chacun des trois seigneurs gardaient en
armes sa portion de tours et de remparts, de même que leurs femmes

---

(1) Sur la *plaine* de Puivert et sur les plateaux voisins, le *tourbillon* occasionne chaque hiver de
terribles accidents. L'unique ressource des piétons surpris par ces masses de neige que soulève le
vent est de se réfugier dans de petites cabanes élevées de distance en distance pour servir d'abri.

battaient le blé sur l'aire de l'un, cuisaient leur pain au four d'un autre, et portaient leur seigle au moulin du troisième; où tout enfin était étrangement divisé dans ces murs, où trois blasons différents y flottaient aux airs, ou s'y étalaient sur les hoquetons des hommes d'armes et des varlets?

Préfère-t-elle la remplir de deuil, en couchant sur son lit de mort, au milieu de tentures noires, à la lueur des cierges jaunes, Roger de Lévis revêtu de son armure, sans casque ni gantelets, les mains jointes, entouré de femmes éplorées, du chapelain à genoux, de gens d'armes debout l'œil humide, attendant tous que les religieux de Mirepoix soient venus chercher processionnellement les dépouilles mortelles du fils de leurs bienfaiteurs? Ou bien la figure hautaine du maréchal de Joyeuse lui paraît-elle ressortir mieux de ce cadre austère, environnée de gentilshommes aux rapières traînantes, de soldats aux lourdes arquebuses, tous exaltés, prêts à courir sus à ces royalistes, à ces huguenots, qui bientôt leur prendront ce château fort?...

Quelle que soit l'apparition évoquée par l'esprit, elle surgira de ces débris lumineuse, pittoresque, pleine de contrastes, image fidèle et vivante de mœurs à jamais disparues...

Si nul fait important ne donne à ces vieux murs une sorte de solennité que l'histoire crée à de moins remarquables édifices, si la légende elle-même n'est pas venue leur prêter des attraits fantastiques, ne sont-ils pas assez riches de curieux détails et de souvenirs des grandes familles du pays, ne sont-ils pas assez beaux de masse, de couleur et de vétusté pour mériter d'être sauvegardés de la destruction?... Faut-il le dire?... Les voilà devenus une carrière où, malgré la défense du maître, les paysans vont chercher la pierre toute taillée; mais l'herbe du préau est gardée jalousement; des vaches vont la brouter parfois et faire retentir de leurs mugissements cette enceinte dont le bruit des armes, les hennissements des chevaux de bataille et la fanfare guerrière réveillaient les échos!.....

Le donjon et les tours du préau de la forteresse sont du XIVᵉ siècle par l'ogive peu aiguë des voûtes et des baies, par les larmiers (*pl.* 6, *n°* 14), les trilobes ou les meneaux des fenêtres, les colonnettes prismatiques à chapiteau feuillé de celles-ci (*pl.* 6, *n°* 13), ainsi que par celles de la fontaine (*pl.* 7), et le caractère général de l'ornementation ; l'irrégularité du plan et de l'appareil, l'absence de toute trace de style, indiquent une plus grande ancienneté pour l'autre moitié de l'enceinte, qui a dû appartenir aux constructions primitives.

Il nous reste à dire les motifs qui nous ont fait assigner à telle tour du château, plutôt qu'à telle autre, l'un des noms énumérés par l'acte cité de 1376, dont l'orthographe a été conservée dans la légende du plan (*pl.* 2), et qui sont tous ignorés des habitants des environs.

La porte de *Lyere* ou l'*Yère*. En langage du pays, llyéro signifie l'aire à battre la gerbe ; or, en avant du fossé (*pl.* 2, n° 1), le terrain présente un emplacement très-propice aux travaux du battage : là devait donc s'ouvrir la porte de l'*Aire*.

Les deux tours des *Quayres*. Quayré se disant d'un angle, ce nom indique clairement les tours placées aux deux angles de la façade.

Ses bossages font assez reconnaître la tour Bossue... Notre légende a donné à la cinquième tour du préau le nom de *Gualharde*, parce que l'acte nomme ainsi celle qui complète le lot formé des quatre premières... Les dispositions de ce même document concernant les droits de passage, nous semblent justifier la place que nous donnons à la tour Verte, à la tour Grande ou Grosse et à celle de la Trésorerie.

Le n° 15 de la planche 6 représente une sculpture aujourd'hui posée dans le mur d'une maison de la *ville* : le Christ, saint Pierre, saint Paul et d'autres apôtres y sont figurés ; elle provient des démolitions et n'est, sans doute, qu'un fragment d'autel.

LE CHATEAU DE CHALABRE.

En suivant, pour s'éloigner de Puivert, le cours impétueux du Blau, le touriste, sous l'impression de l'aspect désolé de la forteresse et du paysage qu'il vient de contempler, voit surgir avec délice, à un détour imprévu de la vallée, un pêle-mêle ravissant de grands arbres, de tourelles et de créneaux ; c'est le château de Chalabre. Il s'étonne de n'y pas apercevoir la bannière seigneuriale onduler au vent, ou de n'y pas entendre résonner la trompe du veilleur, tant cet ensemble, plein de capricieuse fantaisie, donne à tout le site quelque chose d'inattendu, d'étranger à l'époque, de préparé seulement pour les générations d'autrefois, de gothique en un mot... De près, ce prestige s'affaiblit pour lui; son œil découvre les traces récentes du ciseau sur des pierres qui lui apparaissaient belles surtout de ce charme secret du travail des siècles; il regrette que le propriétaire actuel n'ait pu compléter une restauration dirigée par lui avec un goût irréprochable, en disjoignant ces assises, en émiettant les arêtes de ces blocs de roche, en dorant ces murs des plus chauds rayons du soleil, en les plaquant çà et là de mousse verte et veloutée ou les revêtant d'un épais manteau de lierre... Aux étés, aux hivers et à la végétation d'achever son ouvrage.

Mais ce n'est là qu'une portion de l'édifice : dans le siècle dernier, pour élever à la place une de ces constructions d'alors, invariablement composées d'un corps principal avec deux ailes en retour, le tout froid, maussade et guindé, on sacrifia la majeure partie de l'ancien manoir, ne laissant debout que le donjon, formé d'un corps de logis assez vaste, et qui, restauré naguère, imprime seul à l'édifice son caractère moyen-âge.

Quant à la bâtisse plus moderne, elle est reliée à la première au moyen d'une grande façade sans style, et n'a jamais été achevée. L'orage révolutionnaire ne permit pas d'en élever la seconde aile. L'intérieur en a de remarquable un vestibule orné de la statue de Thomas de Bruyères, et un escalier assez grandiose, au premier étage duquel des arcades formant portique, ouvrent une de ces perspectives d'intérieurs si favorables aux beaux effets de lumière.

Des avenues qui serpentent sur les flancs de la montagne, de larges terrasses au pied desquelles s'étend pittoresquement la ville, des allées pleines d'ombre et de fraîcheur aux beaux jours, un parc magnifique, oasis de verdure que dominent les tourelles crénelées, les échauguettes et de grands murs de toutes les époques font de cette habitation un séjour approprié aux mœurs d'aujourd'hui, et contrastant d'une manière heureuse avec le château de Puivert, type complet et non défiguré des grandes demeures féodales au quatorzième siècle.

B. DUSAN.

Puivert

Pl. 1.

Lith. L. Moriquier. Toulouse.

• Vue prise du côté de St. Jean de Paracol.

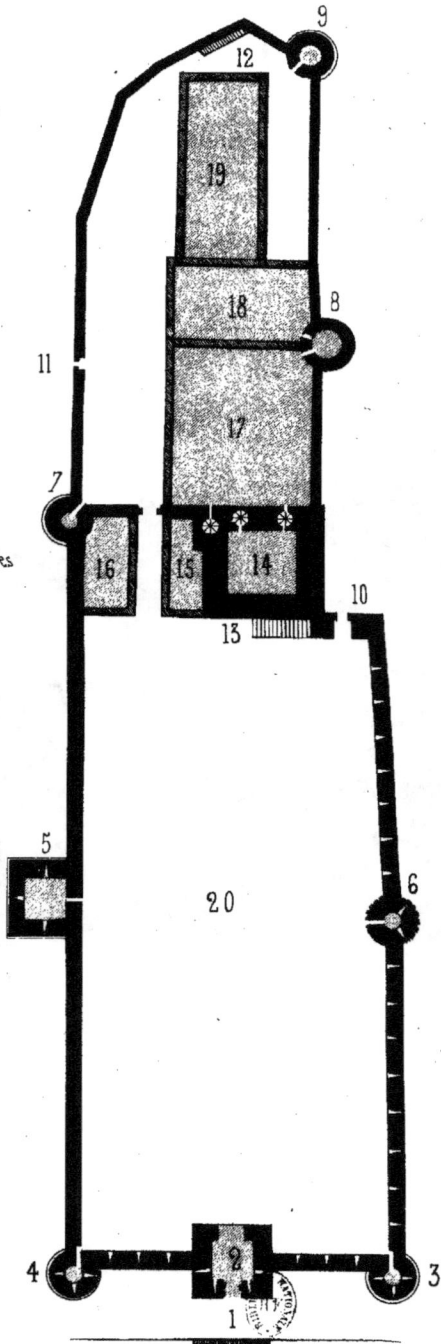

Nord.

PLAN

DU

Château de Puivert.

Légende

Les noms des tours y sont indiqués d'après
un acte de 1376.

1	Pont-levis et fossé
2	Porte de Lyere
3 et 4	Tours des Quayres
5	Tour Coalharde
6	Tour Bossue
7	Tour Vert
8	Tour Grant ou Grosse
9	Tour de la tresorerie
10 et 11	Portes
12 et 13	Escaliers des remparts
14	Donjon
15	Cisterne
16	Grenier
17	Ostel (habitation)
18	Grenier à foin
19	Ecuries
20	Préau

Echelle de 1 millimètre ½ par mètre.

Lith. Bonnaygrol et bes Filatiers, 18, Toulouse.

Pl. 3.

Puivert.

Vue Cavalière.

Ecusson de la Porte de l'Yeuse.

Puivert.

Pl. 4.

Vue Cavalière.

Ligne de terre

1. Mètre
Echelle de la perspective.

5 Mètres
Echelle du Plan.

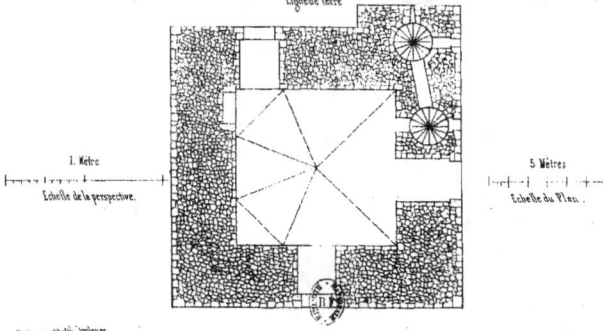

Salle au second étage du Donjon.

Pl. 6.

Puivert.

Sculptures de la seconde salle du donjon et d'ailleurs.

Fontaine de la salle du second étage du Donjon.

Ligne de terre.

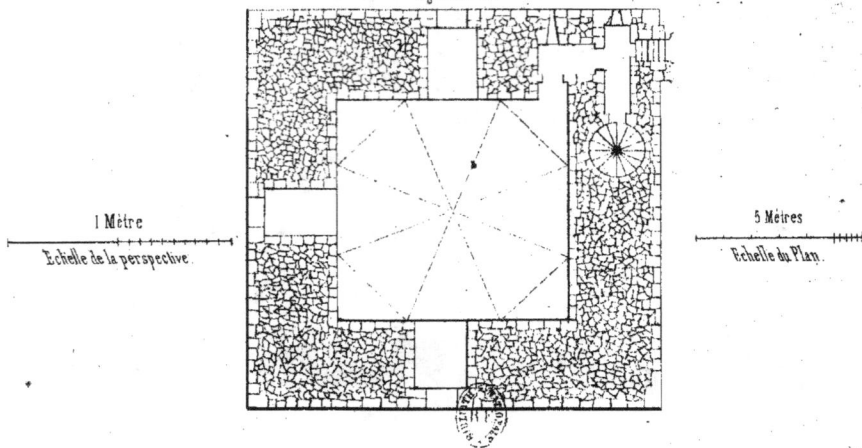

1 Mètre

Echelle de la perspective.

5 Mètres

Echelle du Plan.

Lith Rouquayrol r. d. Filatiers 48.

Salle haute du Donjon

Sculptures de la salle haute du donjon.

Lith. I. Rouquayrol, r.d.Filatiers, 49.

Chalabre.

Pl. 10

Vue prise de l'Eglise St Pierre.

Membres de la rédaction.

MM. ALART, secrétaire de l'inspection académique (Pyrénées-Orientales).

de BARRAU, membre de plusieurs Sociétés scientifiques (Aveyron).

BARRY, professeur d'histoire à la Faculté des lettres, membre de plusieurs Sociétés scient. (Toulouse.)

BARTHE, chanoine de la cathédrale de Carcassonne, membre de plusieurs Sociétés scient. (Aude).

Dom BERNARD, archiviste du palais, membre de la Société archéologique du Midi (Toulouse).

BUZAIRIES, docteur-médecin, membre de plusieurs Sociétés scientifiques (Aude).

l'abbé CANÉTO, grand-vicaire d'Auch, membre de plusieurs Sociétés scientifiques (Gers).

CAZE ✻, conseiller à la Cour impériale, directeur de la Société archéologique du Midi, etc. (Toulouse).

le Baron CHAUDRUC DE CRAZANNES, membre de plusieurs Sociétés scientifiques (Tarn-et-Garonne).

de CLAUSADE, membre de plusieurs Sociétés scientifiques (Toulouse).

DEVALS, membre de plusieurs Sociétés scientifiques (Tarn-et-Garonne).

GARRIGOU, homme de lettres (Ariége).

GOUDET, archiviste de la mairie, membre de la Société archéologique du Midi (Toulouse).

le Vicomte de JUILLAC, membre de plusieurs Sociétés scientifiques (Toulouse).

le Vicomte de LAPASSE ✻, membre de plusieurs Sociétés scientifiques (Toulouse).

le Chevalier Du MÈGE ✻, directeur du Musée, membre de plusieurs Sociétés scient., etc. (Toulouse).

MOREL, notaire, membre de plusieurs Sociétés scientifiques (Saint-Gaudens).

NOULENS, directeur de la *Revue d'Aquitaine* (Gers).

ROSSIGNOL, membre de la Société française pour la conservation des monuments (Tarn).

ROUMEGUÈRE (Casimir), membre de plusieurs Sociétés scientifiques (Toulouse).

VITRY (Urbain) ✻, ex-ingénieur-architecte en chef de la ville, secrétaire perpétuel de l'Académie des sciences de Toulouse, etc.

NOTA. — Tous ceux qui, dans le Midi, s'occupent d'archéologie et d'histoire, voudront bien ne pas regarder cette liste comme exclusive ; trop de noms recommandables y manquent encore pour que les adhésions nouvelles ne soient pas acceptées avec reconnaissance.

www.ingramcontent.com/pod-product-compliance
Lightning Source LLC
LaVergne TN
LVHW022018080426

835513LV00009B/770